如何打造
高效社交网络

The Art
of Gathering

How We Meet
and Why It Matters

[美] **普里亚·帕克**（Priya Parker）——**著**

叶子——译

机械工业出版社
China Machine Press

图书在版编目(CIP)数据

聚会:如何打造高效社交网络 /(美)普里亚·帕克(Priya Parker)著;叶子译 . —北京:机械工业出版社,2020.1(2020.7 重印)
书名原文:The Art of Gathering: How We Meet and Why It Matters

ISBN 978-7-111-64062-2

I. 聚… II. ①普… ②叶… III. 心理交往 – 研究 IV. C912.11

中国版本图书馆 CIP 数据核字(2020)第 063520 号

本书版权登记号:图字 01-2019-4573

本书提出了一种以人为中心的聚会方式。书中所说的聚会,无论规模大小,无论是工作形式的聚会还是娱乐形式的聚会,旨在为每个参加聚会者创造有意义且难忘的经历。从建立聚会目标,到谁(不)该参加、流程策划、引导,作者利用她作为世界各地聚会促动师的专业知识,将读者带到各种各样的活动中,以大大小小的案例与读者分享良好聚会的策划建议。

聚会:如何打造高效社交网络

出版发行:机械工业出版社(北京市西城区百万庄大街 22 号 邮政编码:100037)
责任编辑:鲜梦思 李晓敏 责任校对:李秋荣
印 刷:大厂回族自治县益利印刷有限公司 版 次:2020 年 7 月第 1 版第 3 次印刷
开 本:170mm×230mm 1/16 印 张:14
书 号:ISBN 978-7-111-64062-2 定 价:69.00 元

客服电话:(010)88361066 88379833 68326294 投稿热线:(010)88379007
华章网站:www.hzbook.com 读者信箱:hzjg@hzbook.com

献给

每天都向我展示敬畏和尊重真谛的阿南德

前
preface
言

无论是在私人领域还是公共范畴，聚会都占用了我们很多时间，并在一定程度上决定着我们生活在什么样的世界里。聚会是出于某种原因而有意识地将人们聚集在一起的活动，它塑造了我们的思考模式、感知方式，影响着我们对所处世界的理解。当人们聚到一起，互通信息、相互鼓舞、探索全新的相处方式时，会碰撞出别样的火花。然而，我们大多数人几乎不会思考聚会的方式。

我们一辈子都在聚会，从家里、社区，到托儿所、学校和教堂，从会议、婚礼、市政厅大会、生日派对，到产品发布会、董事会、班会、家庭聚会、晚宴和交易会。我们把大部分时间都花在了毫无趣味、平庸无奇的聚会上。这些聚会未能让我们怦然心动，更没有以任何方式改变我们或让我们彼此产生联系。

许多研究表明，大部分聚会，从销售会议到家庭聚会，都令我们失望，而这种失望对我们许多人来说是显而易见的。"除了极少数情况，在聚会上，我的情绪经常在厌倦、绝望和愤怒之间波动。"博主和国际发展专家邓肯·格林（Duncan Green）对《卫报》坦言道。格林对聚会的这种感受并不是个例。2015年《企业工作状况调查》显示，"浪费性会议"是员工完成工作的最大障碍。

我们似乎对好友相聚并不感到兴奋。2013年的一项名为"美国友谊状况：信任危机"（The State of Friendship in America: Crisis of Confidence）的研究发现，75% 的受访者对友谊关系并不满意。

尽管聚会令人失望，但是我们依然以一成不变的方式聚会。在把大家聚集到一起以后，我们大多数人会任由聚会随意发展，墨守成规，并天真地认为会议、大会或派对会自发地产生美妙的化学反应，然后亢奋的气氛会魔法般地迸发而出，把大家从固化的流程中解救出来。

当我们终于想要寻求改变聚会方式的建议时，却几乎总是求助于那些只关注让聚会机械运行的人，比如厨师、礼仪专家、花艺师和活动策划师等。如此，我们不可避免地将"对人"的挑战降格为"对事"的挑战。我们把如何安排"人"的问题降格为如何处理"事物"的问题，比如幻灯片、邀请函、音频设备、餐具、点心等。我们倾向于关注聚会的"物品"，因为我们认为那是我们唯一可以控制的细节。在我看来，这不仅短视，而且是对人因何而联结，以及聚会因何而重要的误解。

在聚会领域，我既不是厨师也不是活动策划师，而是在小组对话和冲突解决等领域经过训练的人。在过去的 15 年里，我花了大量的时间研究和设计聚会，并为各类聚会提供建议。这些聚会的目的都是对参与者和相关社区产生变革性的影响。如今，我是一名专业的促动师。虽然大家的身边有许多促动师，但你对我们可能并不了解。促动师是在塑造群体动态和集体对话方面受过专业训练的人。我的工作是让合适的人聚在一个屋檐下，帮助他们为实现一个更大的目标而进行集体思考、梦想、争论、和解、展望、信任和联结。我对聚会的见解（也是我想与你们分享的见解）让我始终把参与者及他们之间的互动放在每次聚会的核心位置上。

在这份工作中，我所面临的挑战是帮助人们体验归属感。这也许与我毕生都在探索自己的归属有关。我的母亲是来自印度瓦拉纳西的圣牛崇拜者。瓦拉纳西是一座古老的城市，被誉为印度的精神中心。而我的父亲则来自美国南达科他州的一个奶牛屠宰场。我的父母在艾奥瓦州相遇、相爱、结婚，在津巴布韦生下了我，然后远赴非洲和亚洲的渔村工作。之后他们的感情破裂，在弗吉尼亚离了婚，最终分道扬镳。他们都再婚了，找到了和各自同属一个世界、有着更相近世界观的伴侣。父母离婚后，我每隔两周就要在他们之间搬一次家，在素食主义、自由主义、香料、佛教－印度教－新时代、食肉、保守主义、每周去两次教堂、福音派基督徒之间来回调整和切换。所以，我自然而然地踏入了冲突解决的领域。

如今，那些身处不安定环境中的人经常会来找我，让我帮助他们找到解决问题的方法，同时建立他们的群体认同。我在五星级酒店、公园、陋室和大学宿舍里都开过会。我主持过印度西部村民的会议，讨论如何在种族骚乱后重建他们的社区，也曾与津巴布韦的社会活动家一起抵抗政府关闭非政府组织的威胁。我还致力于推动阿拉伯反对派领导人与欧美国家领导人之间的对话，以探讨伊斯兰教与民主之间的关系。另外，我为州和联邦官员设计过聚会，以找到新生代美国人消除国家贫困计划的解决方法。我也曾促成过科技公司、建筑公司、美容品牌和金融机构的聚会，帮助它们就未来展开复杂而艰难的讨论。

我现居纽约，这里的人经常聚会。所以，我不仅常常是主人，也常常是客人。在这两种角色中，我对能凝聚群体的简单而重要的干预措施有着浓厚的兴趣。家人和朋友经常会发短信或打电话咨询我各种问题，比如"我的工作晚餐是应该围绕一个问题展开引导性对话，还是让人们自由聊天"，或者"我们该如何对待一个爱说三道四的教会义工"。一个既有伊斯兰教血统又有基督教血统的移民朋友也曾问我，她该如何创造出属于自己的犹太湿婆，来和纽约的朋友一起纪念她在德国去世的父亲，尽管这些朋友与她的父亲从未谋面。

对于我参与的所有聚会，无论是董事会召开的会议还是生日聚会，我都认为是聚集方式决定了聚会上将会发生的事情，以及聚会能取得多大的成功。因此，本书既是一段社交旅程，也是一本指南。我把本书献给那些曾经思考过如何使一段平淡的相聚时光变得有意义和令人难忘的人。

我希望本书能帮助你从不同的角度看待你的聚会。书中的章节遵循了我对客户和朋友的引导思路，以及我在设计一个有意义的活动时所采用的顺序。虽然有一些原则甚至适用于最简单的聚会，但你并不需要恪守本书中的每个建议或步骤，因为你才是最了解什么对你有帮助以及什么最适合你的聚会的人。

本书是根据我的经验和想法撰写而成的，包括我所知道的有效和无效的聚会方法。由于聚会本身是一项集体活动，所以我还采访了100多位聚会组织者，以了解他们的独特观念，并检验自己的想法。我与会议组织者、活动策划师、马戏团编舞者、贵格教派的祈祷会牧师、夏令营顾问、葬礼主持、DJ、拍卖师、竞争翼装飞行编队教员、拉比[⊖]、教练、唱诗班指挥家、表演艺术家、喜剧演员、游戏设计师、日本茶道大师、电视导演、专业摄影师、理财顾问和募捐人的交谈，都激发了本书中的见解和想法的产生。我有意识地通过各种聚会，如博物馆展览、教室学习活动、合伙人会议、生日聚会、夏令营甚至葬礼，来展示人们在不同环境下的创造力，希望以此激励你去效仿和学习本书涉及的所有真人真事，但我修改了一些私人聚会的名字、细节、地点和参与者。与我交谈过的形形色色的人都存在一个重要的共同特点：对人们聚在一起时将发生的事情充满好奇。

我相信每个人都能成功地举办聚会。

你不必是一个性格外向的人。事实上，我认识的一些出色的聚会组织者都患有社交恐惧症。

你不必是一位老板或经理。

你不需要有一幢豪华的房子。

幸运的是，聚会的艺术并不取决于你的个人魅力或笑话的搞笑程度。（如果是这样，我就有麻烦了。）

当细腻的心思和（通常是无形的）巧妙的结构融入聚会中，当主人有好奇心、意愿和包容的精神去尝试时，聚会就能水到渠成，石破天惊。

让我们开始吧。

⊖ 拉比是指在犹太教会社团中，受过正规宗教教育，熟悉《圣经》和口传律法而担任犹太教会众精神领袖或宗教导师的人。

目
contents
录

第一章

你们究竟为何聚会

THE ART OF GATHERING

HOW WE MEET AND WHY IT MATTERS

我们为何聚会？我们为何会有意识地聚在一起？我们聚会是为了解决自己无法解决的问题。我们聚会是为了庆祝、哀悼以及纪念里程碑式的转变。我们聚会是因为我们需要彼此，是为了展示实力，为了致敬和道谢，为了创建公司、学校和社区，为了欢迎恭候，为了辞行作别。

关于聚会的目的存在一个巨大的悖论：纵使有千千万万个相聚的好理由，我们却往往不明白自己究竟为何而聚。在举办聚会的时候，很多人都会跳过第一步：致力于一个大胆、明确的目的。

当我们跳过第一步时，对聚会目的过时或错误的假设往往会决定我们的聚会形式，从而导致聚会方式不尽如人意，或聚会时间不合时宜。

在工作中，我们会被大大小小的会议消磨时光。事实上，很多会议都可以被邮件或十分钟的"站立"会议取代，但是一个接一个的冗长会议已在众多公司中成为常态。

我们对教室的设计是基于"老师教课"的假设，而没有事先明确教室的目的。正如一些教育改革家所认为的那样，如果学生可以通过视频从世界上最好的老师那里轻松地（甚至更有效地）学习知识，那么学生聚集在教室里是为了更好地检验所学的理念，获得老师的现场指导，并学习如何社交。

在组织中，我们对举办的募资晚会已经有了一个特定聚会的假设，即"非营利组织的筹资模式"。事后我们才发现，当晚筹集的资金仅够支付此次活动的费用，以及从其他项目中抽调的工作人员的时间和人力成本，对改善财务状况却是徒劳无功的。

然而，当聚会明显对我们有帮助时，比如确定如何让社区居民重获安全，与朋友坐在一起谋划如何让她惨淡的生意起死回生，或在萧条的销售周期后重建业务，等等，我们会想举办。但我们根本不想举办葬礼，或忙到根本没有时间考虑，或不希望占用他人的时间（一个现代社会很普遍的现象)。简而言之,我们对聚会的思考,包括聚会的时间和原因,已变得纷乱模糊。在聚会时,我们经常套用一个聚会的固定模式(对聚会的一种刻板印象)来取代我们对聚会的思考。聚会的艺术源于其目的:我们应该什么时候聚会?又为何聚会?

类别不是目的

回想一下你最近组织或参加的几次聚会,一场社交活动、一次读书俱乐部的活动,或一次志愿者培训。如果我问你(或聚会组织者)这些聚会背后的目的是什么,很多人都会把他们应该在聚会上做的事作为回答。

关于那个社交之夜,你或许会告诉我,那是为了帮助相似领域的人互相认识。

那次读书俱乐部的活动是为了让大家共读一本书。

那次志愿者培训是为了培训志愿者。

你的教会小组是为了让教会成员在更小的团体中聚会。

很多时候,这都是引导我们在规划聚会时所遵循的循环逻辑。

"那有什么问题吗?"你或许会问。社交之夜的目的难道不是社交?是的,社交当然是目的。但如果这就是全部,那么社交之夜会落入和其他无数个社交夜晚一样的俗套:人们四处徘徊,尴尬地交换名片,殷切地用高八度的音调和他人寒暄。这种聚会可能不会让任何人如痴如醉,反而会让一些宾客备感尴尬或产生不安全感,甚至发誓不再参加任何社交之夜。

当我们不思考聚会背后具有的更深层次的意义时,我们很快会落入陈腐、古板的聚会模式,因而错失创造一个令人难忘的,甚至是变革性的聚会的机会。

比如,在筹划社交之夜时,如果组织者停下来思索:我们聚会的目的是帮助大家寻找生意伙伴或客户吗?是帮助宾客推销他们的商品,或帮助他们为市场表现不佳的产品获得一些建议吗？是帮助不同领域的人拓展人脉网，还是建立一个以后希望再聚的群体？这些问题的答案将为社交之夜带来一个极为不同的聚会模式。

聚会时，我们往往错把聚会类别和聚会目的相混淆。我们将自己的决定和假设套进他人的模式与内容里，并误认为只要了解聚会的类别，就能够很好地设计聚会的形式，比如董事会、研讨会、生日会和市政厅大会。而我们在明确聚会目的之前，无论是对无关紧要的社交之夜，还是对一锤定音的法庭审判，通常会选择一个模板，以及相应的活动和结构。

位于布鲁克林中西部的红钩社区司法中心，旨在重新构思和设计生活中令人生畏的聚会之一：审判。在社区存在危险和犯罪猖獗的背景下，司法中心于 2000 年成立。作为纽约州统一法院系统和法院创新中心的合作成果，这是一个致力于改革纽约和全球司法系统的非营利组织。司法中心的规划者试图改变社区与司法系统之间的关系，并观察这种新构思是否会产生不同的结果。为此，司法中心重点关注了在社区和司法系统之间不断产生摩擦的关键"聚会"：法庭审判。组织者意识到，传统的审判既没有减少犯罪，也没有在司法系统和社区之间建立信任。

"当他们只是纯粹地收押一个瘾君子，裁定案件，然后再把瘾君子抛至街头时，法院就成为问题的一部分。这是我们一贯的做法，其实我们不必这样。我们可以做得更好。"纽约州首席法官朱迪斯·凯耶（Judith S. Kaye）在谈到她在传统法庭中的角色时说道。

要想改变聚会的结果，组织者需要改变聚会形式的结构。为了找到正确的结构，组织者首先应当将聚会的类别与目的或存在的原因加以区分。为此，法官必须思考一个基本问题：司法系统的目的是什么？审判程序应如何反映这一目的？

司法中心吸引了那些对传统刑事司法系统的聚会形式失望透顶的人，而这也许并不奇怪。主持新社区法庭的法官亚历克斯·卡拉布列斯（Alex Calabrese）坦言自己在传统刑事司法体系中的选择十分有限。"要么起诉，要么驳回。"他说。

司法中心的项目主管阿曼达·伯曼（Amanda Berman）曾是布朗克斯区的公设辩护人。她告诉我，"在传统的司法系统中，每个参与者都有不同的动机和各自的目的，我们从来都无法真正做到看法一致，因为大家都是从竞争的角度来对待这项工作的"。许多最终来到司法中心工作的人都意识到，"法庭审判"这个聚会类别并不能解决社区的问题。"在传统的司法系统中，每天都有上百人往来于法庭之上。而案件代理人经常一边看着被告的指控和犯罪记录，一边琢磨这个案件有多少价值。"伯曼说。审判的目的已演变成了对处罚条件进行讨价还价。

用"类别"取代"目的"的缺陷在于，你的聚会也会套用和呈现对该类别的假设。红钩社区司法中心曾质疑法庭上的各方是否永远只能是对抗的；是否可能存在包括被告、法官、律师、文员、社工和社区成员在内的每位参与者所共有的更宏大的目标呢？

司法中心应当组织一个聚会，聚会的目的不只是简单地根据现有体系而达成一个最精准的控告，还为了探索是否可以纠正犯罪者最根本的行为。"对摆在面前的案件，我们采用'问题解决法'。当有案件呈给我们的时候，无论这个案件是来自房屋法庭、刑事法庭还是家庭法庭，我们最终都会问的一个问题是，问题是什么，我们如何能合力找到一个解决方法。"伯曼说道。根据他们所称的"解决问题的正义"，他们在一个跨司法区的新社区法庭重新设计了审判程序的聚会方式。

司法中心位于红钩社区附近的一所废弃的教区学校。"传统的法庭通常使用深色木材，以呈现一种庄严、审判和权力感。"伯曼说。相比之下，司法中心的法庭自然光线充沛，使用的是浅色木材，并配有特别的法官席。"规划者有意设计与眼齐高的法官席，以便法官和诉讼当事人进行个人互动，并邀请他们上席来（这也是法官本人所热衷的），这样人们就知道法官并没有俯视他们，无论是从字面意义上理解还是象征意义上均是如此。"她说道。

新社区法庭由亚历克斯·卡拉布列斯法官监督。该法庭管辖着三个警察分局，这些分局将由三个不同的法庭——民事法庭、家庭法庭和刑事法庭管辖。卡拉布列斯亲自主持每个案件，因此随着时间的流逝他能够了解每个案件的背景和所在社区的情况。被告一般会被指派一名社工，由他对被告进行全面的临床评估，以了解到底发生了什么和被告的生活全貌。这种整体评估可以在首次出庭之前进行，包括发现药物滥用、精神健康问题、创伤、家庭暴力或生活中的其他因素。随后评估结果将与法官、地区检察官和辩方进行共享。该法庭挑战了传统法庭的固有假设，即这两项服务应相互分离。

正因为如此，与传统法庭的设计最重要且最根本的不同在于，法官卡拉布列斯通过不同的工具和途径，在解决具体案件时，还可以防止未来出现类似的行径。除了在必要时做出传统的判刑外，他还能够根据每个被告的临床评估和他对案件整体情况的个人判断，向被告分配社区服务、药物治疗、心理健康服务、创伤咨询、家庭调解等，但他也可能会认为判刑是唯一的选择。"我们为被告提供了一切合理的机会，因此当我不得不将他们送进监狱时，刑期往往是平时的两倍。"卡拉布列斯接受《纽约时报》采访时说道。

"我们在这里做的很多事情在本质上是为了帮助被告克服对毒品的依赖，或他们可能存在的一些其他问题，最终目的是让他们过上无犯罪的生活。"国王县地方检察官办公室分局前局长格里安·阿布里亚诺（Gerianne Abriano）说。（她后来被任命为曼哈顿刑事法庭的法官。）在诉讼过程中，卡拉布列斯表现得更像是一位正言厉色又关怀备至的伯父，而不是一位传统意义上的法官。每个案件他都亲自审查，当着被告或诉讼当事人的面仔细核实细节，检查错误。他把一切做得滴水不漏，耐心地与每个人沟通，还经常在他们靠近法官席时与之握手，并向他们解释案子的基本逻辑，"从细则上说，如果你没有通过，他们就会驱逐你，没有人愿意看到这种情况发生。所以我在12/30这一页的顶部用大字体的数字标注了"。这里的工作人员会让你感觉到他们对被告和诉讼当事人的支持，以便让被告或诉讼当事人的生活变得井然有序。而对于卡拉布列斯来说，表扬一个幡然改进的被告并不罕见。他可能会说，"很显然，无论是对你还是对社区而言，这都是一个很棒的结果，我为你鼓掌"。然后你会看到在场的所有人，甚至包括警察，都在欢呼鼓掌。

渐渐地，司法中心开始看到一些切实的成果。根据独立评估机构的数据，司法中心将成年被告的再犯罪率降低了10%，将未成年被告的再犯罪率降低了20%，而只有1%的案件在传讯时被判监禁。"我已经在司法中心工作了20年，现在终于觉得自己有机会能真正解决导致嫌疑人犯罪的根源问题了，这样他们就不再会重蹈覆辙。"卡拉布列斯在一部关于该司法中心的纪录片中说道。司法中心的团队之所以能够做到这一点，是因为他们找到了更宏大的聚会目的。"我们成功地明确了一些原则和终极目标，而这些原则和目标是每个人都一致认同的底线。"伯曼说道。

像所有循环往复的聚会一样，这是一项正在进行中的工作。"他们不断地确保我们能不忘初心，坚持使命。这应该是一间实验室和一个模型，应该是一种与众不同的做事方式，也是一种更好的做事方式。"伯曼说。

把这个地方想象成一间实验室，它使司法中心的工作人员成为出色的聚会组织者。"我们从不去想我们应该如何聚会或聚会应该是什么样子的。"伯曼告诉我，"每个案子和每个客户都会被作为个体来考量。"这种心态使他们能够将诉讼程序"应该是什么样子"的假设与诉讼程序"可以是什么样子"区分开来。而我们则可以用相同的心态重新审视自己的聚会目的。

我们不仅仅在公共聚会中不假思索地遵循传统的聚会形式，在我们的私人聚会中，聚会类别也很容易被我们误当成聚会目的，尤其是那些随着时间推移而变得仪式化的聚会。受古老传统和当下时兴的拼趣（Pinterest）的影响，我们很容易忽略为私人聚会选择一个鲜明的目的。就像我们许多人都自以为知道审判目的一样，我们也误以为我们知道生日聚会的目的，或者举行婚礼的目的，甚至是举行晚宴的目的。正因为我们屡屡犯错，我们的私人聚会才往往达不到应有的目的。如果你不细细斟酌你今年生日聚会的目的，比如你当前的人生状态，你便白白浪费了生日聚会在成长、支持、引导和启发方面的作用，而你本可以借此机会寻找和发现自我。如果你只是纯粹地消遣娱乐，你就浪费了一次让聚会帮助你和他人的机会。现在回想起来，当时我阻止丈夫参加我的迎婴聚会，正是犯了这种错误。

当时，我们的第一个孩子即将出生。我的女性朋友提出要为我举办一个迎婴聚会。和大多数人一样，我们完全没有考虑为什么要举办这样一个聚会。在我的朋友圈中，迎婴聚会不是第一次，也不会是最后一次。它几乎成了一种例行仪式，而这正是让聚会变得有意义的大敌。

于是，在约定好日期之后，我的女性朋友一头扎进了准备工作中。

我很兴奋，我丈夫也一样。在知晓我要举办迎婴聚会时，他问我他能不能参加。

我一开始以为他在开玩笑，后来才发现他是认真的，他是真心想参加我的迎婴聚会。

起初我觉得这毫无意义，但后来又犹豫了一下，思考他的话是否有一定的道理。

虽然我一直很重视生命中的女性圈子，但在这种情况下，那不是我举办迎婴聚会的最高需求。如果我当时能更深入地思考我的迎婴聚会需求，我可能就会意识到这种聚会可以帮助丈夫和我为人生的新角色、婚姻的新篇章做好准备。我即将成为人母，而他将成为一名父亲。正如我们的医生所言，我们将从二人世界变成一个家庭。如果当时能思考得更周全，我会举办一场帮助我俩完成这一重大人生转变的聚会。但大多数迎婴聚会的结构和惯例都仅限于女性，玩游戏、拆礼物，为孩子做一些精巧的手工品，这种迎婴聚会和我想要举办的所基于的目的是不同的。我发现传统的迎婴聚会是给准妈妈的一种仪式，也是集众人之力帮助夫妇承担新增生活费用的一种方式。这种仪式在形式上假设了纯女性化的聚会模式，反映了当时只是母亲需要为为人母的新角色做好准备的现实情况。那么当迎婴聚会的最初设计目的不再能反映这些假设或人们的生活现实时，聚会应该是什么样呢？（甚至还应该被称为"迎婴聚会"吗？）

迎婴聚会并不是唯——种存在目的性问题的仪式化聚会形式。在很多更亲密的圈子里举行的仪式化聚会，比如婚礼、成人礼、毕业典礼，都经过了一段时间的塑造和重复，在准确反映参与者的价值观或信仰体系之后很久，我们便对它产生了情感上的依恋。

例如，在今天的印度，这样的冲突就出现在传统印度教婚礼仪式的结构和内容上。按照传统形式，新郎和新娘需要围绕着火堆走七步，每一步都要彼此宣誓，这才算完成了整个婚礼仪式。这种婚礼具有视觉冲击感，而且对许多印度家庭来说充满了意义和传统的仪式感。这些景象会被定格为照片，通常会贴在客厅的墙上，伴随孩子长大，让他们想象着有朝一日自己举行婚礼时的情景。但一些年轻夫妇开始意识到，这些山盟海誓实则反映了一种过时的婚姻观：在第一个誓言中，男人命令他的妻子"给他提供食物"；新娘同意"对整个家庭负责"；只有新娘发誓要"保守贞洁"，对新郎却没有这样的要求；在新郎所许的七个盟誓中，有四个与孩子有关，新娘的盟誓却完全都与新郎有关……这些誓词的基本假设描绘了一些人不再追求的理想婚姻。但当他们建议改变这一仪式，从而更好地反映他们的真实价值观时，父母感到震惊，他们悲痛不已，认为这是对传统的抛弃。由于仪式代代相传，周而复始，因此这种形式本身就有了力量，即使它不再适用于这对夫妇的婚礼的浅层次目的。

仪式化的聚会绝不局限于像迎婴聚会和婚礼这样的亲密领域，它们同样影响着我们的公共和私营机构，并往往对更多的人产生更重大的影响。即便如此，大多数聚会在刚刚出现时，并不是人们有着深刻情感依附的有意义的仪式。情感的依附是随着时间的推移不断重复而产生的。相反，聚会的最初目的通常是解决特定需求；首先我们需要找到一种方式，让群众了解候选人的不同立场，以便在投票时能够更理智。我们需要找到一种方式，让销售团队对新产品产生激情。我们需要找到一种方式，为新社区中心募资。其次我们需要设计一种结构，让大家围绕这一需求聚集在一起。随着时间的推移，当这种聚会开始具有了重要意义，比如总统辩论、公司上市，或苹果公司的产品发布会，并年复一年地周而复始时，聚会本身的元素便开始仪式化。也就是说，人们不仅对会议的目的，而且对会议的形式开始赋予意义。于是，惯用的小木槌出现了，特定的高领毛衣成为惯例，由谁敲响纽交所的开市铃也有了讲究。形式本身，即聚会的完成方式，开始被人们所重视。在无意识间，人们便开始期待它，甚至从中得到安慰。渐渐地，形式本身在塑造人们对群体的归属感和他们在该群体中的身份认同方面发挥着重要作用：这就是我们，这是我们在这儿的做事方式。当形式与群体的目的和需求相匹配时，这种情感依附将无比强烈。但是，就像法庭审判的情况一样，当需求开始转变，而形式所服务的只是一个陈腐过时的目的时，我们依然会冥顽不化地固守这些对我们不再有用的形式。

时任《纽约时报》新执行主编的迪恩·巴奎特（Dean Baquet）在继承有近70年历史的神圣的头版会议时就意识到了这一点。《纽约时报》的头版会议是备受瞩目的新闻编辑部的会议圣杯。该会议始创于1946年，其初衷是成为每日新闻会议。随着时间的推移，它逐渐演变成管理层的决策会议——次日头版将刊登的六篇报道。《纽约时报》的头版对数百万美国人和全美的许多决策者都有着巨大的影响，决定着当天最重要的新闻是什么。这是一份能有意义地塑造全国性大讨论的日报，而这正是众多记者步入这一行的原因。

多年来，这一会议一直在《纽约时报》大楼的三楼会议室举行。会议围绕着一张巨大的亚瑟王风格的桌子举行，有25～30名编辑参会。编辑们会推荐他们的头条新闻，俗称"祭献"，并极力阐述为什么他们的文章应该刊登在A1版面上。"与会者用各自最精彩的故事献祭给奥林匹克众神，然后历经拷问，杀出一条血路。"一位编辑向我回忆说。会议由两个连续的聚会构成：上午十点的会议和下午四点的会议。会议结束之后，领导层将公布次日的文章"阵容"。"下午四点的会议成为传奇。"《纽约时报》的编辑凯勒·梅塞（Kyle Massey）写道。

当巴奎特于2014年5月接手《纽约时报》时，他意识到《纽约时报》最重要的聚会的焦点已经与读者的现实脱节。当他领导《纽约时报》时，大部分《纽约时报》的读者都在网上阅读文章，而不再关注印刷版报纸。但网站主页并不能很好地替代A1版面，因为它经常在一天中报道几十个不同的故事。一份内部的《2014年创新报告》显示，网站主页的"影响力正在减弱"，因为"读者访问量只有1/3"。此外，越来越多的读者开始通过社交网络阅读在线文章，这大幅降低了编辑们的构架能力。当纸质报纸到达订户的家门口时，这篇文章早就可以提前好几个小时在网上阅读了。从概念上讲，将《纽约时报》最重要的会议固定为围绕头版报道而展开已毫无意义。但在新闻编辑室内部，头版会议仍被视为一枚荣誉徽章。

巴奎特和新闻编辑部的领导需要重新调整工作人员的方向，把他们的注意力转向一个新的、更相关的目标。就像红钩社区司法中心的工作人员所做的那样，巴奎特必须改变会议的结构和结构背后的假设，以适应这些新的现实。他从会议的时间和次数入手。在新闻不间断滚动播放的时代，上午十点开会实在是太晚了，因此他把会议时间改到了上午九点半。同时，他将下午的会议分成两场：下午三点半的小范围会议决定纸质报纸的头版内容，下午四点的会议则关注次日的新闻报道。和司法中心的工作人员一样，他也改变了会议的地点和会议室的实体结构。随着2017年《纽约时报》开始对新闻编辑部的实体布局进行现代化改造，巴奎特也借机设计了一种全新的会议体验。亚瑟王风格的桌子被移走了，他们计划用玻璃墙和一圈圈的红色沙发打造一个全新的头版会议室，以促进更广泛的新闻讨论。

巴奎特希望上午的会议能引发真正的讨论，探讨无论平台是什么，《纽约时报》的记者和编辑应该如何报道新闻。2015年5月5日，在巴奎特给他的工作人员的一封电子邮件中，他写道："我们的想法是让我们在早上更快地动员起来，以便更早地开始编排新闻和优先事项，并将头版会议从下午档移除，着力关注新闻报道，无论它在哪个平台上刊登出，同时，为次日早晨的数字报道做规划。"

如何开始改变整个新闻编辑部的文化和焦点？一种方法是调整你们的聚会方式和目的。"对我们的读者来说，把如此多的精力放在纸质报纸上不再有好处，对记者也是不利的。"领导团队的助理编辑山姆·多尔尼克（Sam Dolnick）告诉我，"我们特意对会议做出改变，以改变新闻编辑部的文化和价值观。既然我们希望人们少关注纸质报纸，我们的会议也应该相应地少考虑印刷版。我们利用这一会议来改变新闻编辑部的价值观和思维方式。"

在我参加2017年秋季的某次头版会议时，会议形式还处于过渡阶段。由于新的会议室还在建设中，会议在二楼的一个临时会议室中举行，中间有一张大方桌，周围有十几把绿色的转椅。编辑部的领导都坐在同一边，另外三面坐着来自不同编辑部的编辑。华盛顿分社总编已经拨入了电话会议。靠着墙边还有第二排椅子，供其他工作人员和客人使用。在领导层对面的墙上安装了一台平板电视，画面为《纽约时报》的主页，每隔几分钟就会刷新一次，显示界面的变化。

虽然会议通常以新闻推荐开始，但在我参会的那个早上，会议以一份受众报告作为开场，汇报了某些头条新闻在前一晚的浏览量，以及参会者需要了解的其他受众统计数据。首先关注读者行为而不是编辑的选择，是新方向的一种信号。会议由一名年轻的编辑主持，他让其他编辑分享他们正在做的工作，并让报头的编辑和其他人就一篇文章提出具体的问题以及报道的重点。在一篇关于新税收提案的文章中出现了这样一个问题："我想很多读者都想知道的一件事是，新税收对富人意味着什么？"如果编辑的发言冗长啰唆，巴奎特就会介入，"不要事无巨细，只挑最重要的说"。除编辑之外，少数来自其他部门的工作人员也参加了这一会议，包括音频团队、主页团队、视频团队、读者中心团队、社交媒体团队、指标团队、移动新闻提醒负责人等，也就是在旧的会议形式和目的下的与会议不相关或完全不参与会议的人士。有人一度争论某篇文章是否需要一个移动新闻提醒，以提示突发新闻，并向《纽约时报》的所有订阅者进行推送。辩论的背后隐含着一个问题：什么样的新闻才值得贴上"突发新闻"的标签？又有负责数字化的编辑询问，为什么某篇已经准备就绪的报道不能在几分钟内立刻发布，而非要等到下午 3 点的预定时段。

通过大家提出的问题，新闻编辑室的领导层正在逐渐转变整个新闻编辑室在新的新闻世界中对自己所做工作的看法。

"在我看来，一个理想状态下的会议应该展示人们当天真正需要关注的故事。有时这很容易判断，比如市中心发生恐怖袭击，而有时又不太明显。"巴奎特告诉我说，"这应该与平台无关，而仅仅应该关注什么才是最好的故事。"负责监管所有数字平台的副总编辑克利福德·列维（Clifford Levy）表示："我们希望人们通过手机在现在或未来两小时专注于《纽约时报》。现在仍然有一些人在运筹计划，我认为这很好。但当下非常关键，让新闻编辑室与时俱进一直是我们的长期计划。"虽然这种与时俱进不会在一夜之间发生变化，但它可以通过对聚会的方式和关注点进行各种干预而一点一点地发生改变。

也许你也有新的需求和现实，但与你所熟知的聚会模板格格不入。也许你会对旧的模板听之任之，希望船到桥头自然直，一切会自行解决。听之任之没有错，举行一次毫无新意的月度员工会议也没有错。但当你这样做时，你是在借用他人的聚会形式，而那是为了解决他们的问题而设计的。为了找到聚会的形式，他们必须自省自己的需求和目的。如果你不思考自己的聚会需求和目的，并把自己当作一个实验室，就像红钩社区司法中心和《纽约时报》新闻编辑部所做的那样，你的聚会将很难创造意义和连接，很难进行教育和支持。

致力于某事的聚会

众所周知，电视节目《宋飞正传》(*Seinfeld*) 是一部 "没有主题的电视剧"。当人们聚集在一起而没有考虑其目的时，他们就创造了一个没有主题的聚会。其实许多人早就已经察觉到了这一点。让聚会围绕某件事情展开，这为他们开展一场有意义的聚会奠定了基础。我希望你们以他们为榜样，甚至做到青出于蓝而胜于蓝。

大多数聚会的目的都是值得尊敬和尊重的，同时也是普通的和乏味的。"我们正在举办欢迎晚宴，让新同事能在我们亲密的大家庭中感到舒适自在" 或 "我要举办一个生日聚会来回顾过去的一年"。这些都是目的，但缺乏一个有意义的聚在一起的理由。该聚会是不是有点儿冒险？是否要表明某种立场？是否敢于让一些客人（或者主人）感到不安？是否拒绝给每个人想要的一切？

这些标准对会议或扑克之夜来说似乎很不合理。你可能会问，为什么我的聚会必须 "表明某种立场"，这又不是阿拉莫之战。对于这个问题，我并不陌生。事实上，每当我督促我的客户更深入地了解他们的聚会目的时，他们似乎怀疑我是否在为第三次世界大战做准备。然而，强迫自己将聚会视作表明一种立场，将有助于你明确其独特的目的。满足每个人目的的聚会当然有，但很难令人兴奋；有个性但又没有疏远感的聚会更有可能令人目眩。

如何找到值得聚会的事情？锐利、大胆、有意义的聚会目的需要具备哪些因素？

特定性是一个至关重要的因素。聚会越专注、越特别，它的范围就越窄，也就越能唤起激情。我是通过工作发现这一点的，而我的一位客户则收集了数据来支持这一观点。

Meetup 是一个用于创建离线聚会的在线平台。出于种种目的，人们使用 Meetup 来协调全球数以千计的面对面会议。多年来，Meetup 公司帮助数百万人聚集在一起。当它的创始人开始研究是什么造就了一个成功的小组时，一个令人惊讶的发现浮出了水面。最吸引人的并不总是兼容并蓄、有求必应的小组，而通常是那些范围更小、更具体的小组。"Meetup越具体，成功的可能性就越大。"其联合创始人兼首席执行官斯科特·海弗曼（Scott Heiferman）告诉我。

如果要在Meetup平台上建一个组，你就必须为这个组命名，并写一篇关于这个小组的介绍性文字。为了增加成功的可能性，海弗曼和他的团队鼓励组织者除小组介绍之外，在小组名称中也加入更多的细节描述。"这种策略让小组更一目了然、更清晰，而找到适合你的东西是一件令人兴奋的事情。"海弗曼说。当伊斯坦布尔、伦敦或托莱多的组织者为小组取名时，用于描述该组的形容词越多，小组就越有可能获得Meetup所称的"匹配紧密度"。

例如，"与狗狗一起徒步旅行的同性恋者"将比"徒步旅行的同性恋者""与狗狗徒步旅行的恋人""带狗狗的同性恋徒步旅行者"有更紧密的匹配度（并且可能越来越成功）。正如海弗曼解释的那样，这是因为"'谁'往往与'什么'联系在一起"。特定性使聚会更锐化，因为人们可以从中看到自己。

然而，"如果你做得非常具体和特定，那么就可能出现没有足够的人能参与进来的情况。所以在匹配度太紧和太宽之间需要寻找平衡，以创造一种团结和认同感，而不是通过松散的匹配来追求团结和认同感，以及归属感"。

另外是独特性。这次会议、晚宴或大会和你今年将举办的其他会议、晚宴或大会相比有哪些独特性？我曾经拜访过日本京都的一家茶馆，在那里我欣赏了一场传统的日本茶道表演，以学习他们的聚会智慧。那位茶师告诉我，16世纪的日本茶道大师千利休（Sen no Rikyu）曾教导他的学生在主持茶道仪式时要牢记一句话：ichi-go ichi-e。茶师告诉我，这句话大致可以翻译为"生命中永远不会再发生同样的一次相遇和瞬间"。她进一步解释说："我们可以再次见面，但你必须赞美这一刻，因为一年后，我们将有一个新的体验，我们将是不同的人，我们将带来新的体验，因为我们改变了。"每一次聚会都是 ichi-go ichi-e。在聚会的时候，我们应该将这一点牢记于心。

这很好地体现了逾越节的原则，因为在那个神圣的日子里，传统的犹太人在逾越节家宴上都会问这样一个问题："为什么这个夜晚和其他所有的夜晚都不一样？"在聚会之前，问问你自己：为什么这次聚会和我的其他聚会都不一样？为什么这次聚会与其他人的同类聚会不同？它有什么特性是其他聚会所不具有的？

一个好的聚会目的是有争议的，而不是能顾及所有方面的。如果你说你的婚礼是为了庆祝爱情，这可能会给人们带来一丝笑容，但你并没有真正承诺任何事情，因为谁会质疑这个目的呢？是的，婚礼确实应该庆祝爱情。但是这样一个无可争辩的目的无助于创造一个有意义的聚会，因为它无法帮助你做出决定。当不可避免的矛盾出现时，比如宾客名单、场地、一晚还是两晚，你的这个目的就无法为你提供指导了。有争议的目的则成为决策的过滤器。如果你所致力于的婚礼目的是作为对父母的一种礼仪式的回报，回报他们为你建立家庭所付出的一切，那么这就是有争议的，它将立即帮助你做出选择。剩下的一个座位将留给你父母多年未见的朋友，而不是你疏远已久的大学伙伴。另外，如果你致力于另一个同样有效的目的，如希望能作为新人融入你们眼中最开放的群体，这也是有争议的，该目的将带来明确而不同的答案。父母的朋友可能不得不让位于你的大学好友。

如果我曾经将这些标准用于我的迎婴聚会，那么效果可能大相径庭。如果我找到了比庆祝即将到来的宝宝更特定的目的，我可能就会下定决心和丈夫一起做一些几乎没有先例可援引的事情：共同平等养育。由于这种做法直到最近依然很罕见，相关的实践智慧或民俗并不多。相反，有文章警告我们"拥有一切"是多么困难，并有研究告诉我们，平等对于亲密关系是多么危险。一个更符合我们需求的特定目的，可能会帮助我们在这些未知的水域中航行。

至于独特性，可能是让准爸爸和其他男性宾客有平等的参与机会，从而使这场迎婴聚会与众不同。

迎婴聚会应该让准爸爸参与，并有必要围绕他和其他男性重新组织。这一点是有争议的，但是一种好的争议。我们希望在社区中被看作一对真正平等养育孩子的夫妻，而不是一对母亲养娃、父亲"搭把手"的夫妻。

这是一种有争议的生活方式，因此一个为了帮助我们达到目的而设计的迎婴聚会也将有一个有争议的目的。同样地，在红钩社区法庭，让司法中心内的人都能上下同心的目的是有争议的。在一个印度教的婚礼仪式上，你可以改变誓词且仍然称之为"印度婚礼"也是有争议的，但这同样是一种好的争议。当然，有人会认为改变誓词是离经叛道，不尊重传统。同样地，在《纽约时报》的内部，必然会有一些记者和编辑不认为数字新闻应该高于纸质新闻。上述这些聚会的目的都是有争议的，而正因如此，在某种程度上，它们的内在才积蓄了能量。

制定目标的实用小诀窍

当客户或朋友难以确定聚会目的时，我会建议他们要将切入点从"什么"（聚会目的）转向"为什么"（聚会）。这里有一些诀窍可以帮助他们做到这一点。

精准定位：如果不能精准定位，一位化学老师可能就会认为他的教学目的是教化学。虽然教学是一项崇高的事业，但这一定义无法很好地指导他设计课堂体验。相反，如果他确定的目标是让年轻人与有机世界建立终身关系，新的可能性就会出现。要想创造一个内容精彩纷呈的课堂，第一步就是精准定位。

往下挖，再往下挖：从你认为的聚会原因（因为这是我们部门周一上午的会议，因为在湖边烧烤是我们的家庭传统）出发，然后继续往下挖，问问你自己为什么要做这件事。每当你找到一个更深层的原因时，再继续问一次为什么。循环往复，直到你找到一个信念或价值为止。

让我们来看看如何将一个简单的邻居聚餐从"什么"转向"为什么"。

你们为什么要办邻居聚餐？

因为我们喜欢聚餐，而且我们每年都办一次。

为什么每年都办一次？

因为我们喜欢在初夏把邻居聚到一起。

为什么你们喜欢在初夏把邻居聚到一起？

仔细想想，我认为这是一种在忙碌了一整个学年之后，记录这段时光并重新建立连接的好方式，这很重要。

啊哈！

为什么那很重要呢？

因为夏天我们有更多的时间可以聚在一起，重新提醒自己社区意味着什么，并帮助我们建立友谊，让社区生活变得更美好，而且更安全，让社区成为一个能体现有利于孩子成长的价值观（比如陌生人并不可怕）的地方。现在我们开始有眉目了。

有时候，问"为什么"能帮助人们不断挖掘，直到他们找到一个有助于设计聚会的见解。我曾经为一位正在举办图书活动的公关人员提供咨询建议。我询问这次活动的目的是什么，也就是她想要的是什么。她回答的大意是"为了让这本书成为这个秋季最好的书"。如果我们止步于此，这个目的将无法为她提供任何图书活动的设计指导。坦率地说，对于不是出版商的人而言，这也不是一个鼓舞人心的理由。所以我们继续挖掘，为什么你认为这本书应该是秋季最好的书呢？为什么这本书对你如此重要？她想了一会儿，随即面露喜色，说："因为它完美地体现了同一个故事如何因为不同视角而被完全改变。"凭借这个既有意义又有洞察力的理由，她终于可以开始设计一场活动了。

不要问你的国家能为你的聚会做些什么，而要问你的聚会能为你的国家做些什么：我经常督促我的客户和朋友思考，他们的聚会可能解决世界上哪些更大的需求？可能帮助解决什么问题？是的，这听上去很像向商会或教会组织提出的问题。但是如果你认为你们国家的问题是因为不同圈子的人们不再相互了解或彼此诚实地沟通，那么这种洞见和理论可以非常直白地转化为你的聚会目的，即通过你的聚会让不同的圈子相互碰撞。

反向设计结果：思考你希望通过聚会获得哪些不同，然后从这个结果开始反向操作。这是玛米·坎弗·斯图尔特（Mamie Kanfer Stewart）和玛塞拉·坎弗·罗尔尼克（Marcella Kanfer Rolnick）的法宝，她们在几年前就开始致力于改进工作会议。这对姐妹在她们的家族企业（普瑞来洗手液的前身）中长大。斯图尔特告诉我，她们的家庭会议是"一天中最棒的时刻"。在踏入社会并目睹了其他公司的会议后，她们才意识到大多数会议是那么糟糕。这启发了她们去研究会议行为，并思考该如何改变它。于是她们设计了一款名为 Meeteor 的 App，来帮助公司更好地举行会议。

这对姐妹的主要想法是，每次会议都应围绕"期望的结果"进行组织。她们发现，当会议没有以这种方式进行设计时，参会者就会被会议流程牵着鼻子走。例如，讨论季度业绩的会议就只会机械地围绕流程而开展。

这对姐妹可能会问，你们想通过讨论季度业绩来实现什么目标？为了新项目做出决定，以推进下一步的工作？为了团结团队？为了计划？为了头脑风暴？为了创造某样东西？弄清楚你们想要的结果会使你们更专注于会议本身，而且这还有一个好处：它可以让人们更好地决定是否需要参加会议。它甚至可以帮助主持人决定，为了这个结果，究竟是否需要召开会议，也许一封电子邮件就可以实现这个目的了。

这种对结果的关注在商业环境中听起来无可厚非，但在与朋友和家人的聚会中显得有些别扭。然而，从结果开始的反向操作在个人环境中也大有裨益。即使在工作时间之外，你仍然在要求人们消费最宝贵的资源：时间。你必须认真考虑如何通过这次体验让你的客人和自己获得改变，这是你作为时间资源的管理者而应该为别人做的。你无须隆重宣布你所期望的结果，因为这只是帮助你明确聚会原因的工具而已。为了将困扰摆上台面，以打破家庭成员之间的僵局为主题的感恩节晚餐，和在劳顿一年之后，以轻松为主题的感恩节晚餐是完全不同的。弄清楚你期望发生什么可以帮助你做出选择，从而达到目的。

如果真的没有目的：如果在采取了这些步骤后，你仍然无法弄清楚聚会的真正目的，你可能就不应该计划举办我们正在探索的那种有意义的聚会，而是办一个简单、随意的聚会，或者把时间交还给别人。等有了一个特定的、独特的、有争议的目的来帮助你决定聚会形式，你再来计划你的下一次聚会。

这张表格或许对你有帮助

下面的表格展示了如何从一个无主题的聚会转变为致力于某事的聚会。

聚会类型	聚会目的是一个类别（即你没有目的）	普遍而乏味的目的，但至少你在尝试	特定的、独特的、有争议的目的（多种选择）
公司拓展活动	一起离开办公室，换一个环境	关注下一年	• 建立和实践一种彼此坦诚的文化 • 重新审视我们为什么要做正在做的事情，并就此达成一致 • 关注销售和营销之间的恶性关系，这对其他事物都造成了损害
返校夜	帮助父母和孩子为新的一年做准备	帮助新家庭融入学校社区	• 激励家长在晚上和周末坚持学校教授的价值观 • 帮助父母彼此联系，使他们成为一个团体
教会小组	让大教堂变小	帮助每个人获得归属感	• 有一个能督促我们行动起来的组织 • 拥有一个值得信赖的圈子，一起分享奋斗故事和一起祈祷

（续）

聚会类型	聚会目的是一个类别（即你没有目的）	普遍而乏味的目的，但至少你在尝试	特定的、独特的、有争议的目的（多种选择）
生日聚会	庆祝我的生日	纪念这一年	• 和那些能激发我最好的一面的人在一起 • 和那些能帮助我保持责任感的人一起制定未来一年的目标 • 冒个人风险／做一些让我害怕的事情 • 和我的兄弟姐妹重新建立感情连接
家庭聚会	把家人聚在一起	共度一段时光，没有人允许用手机	• 在没有配偶和孩子的情况下，让堂兄妹在成年后重建感情 • 在爷爷去世后召集下一代人，创造一个符合年轻人价值观的更宽容的家庭聚会
图书节	拥抱阅读	通过书籍建立社区	• 通过对图书和阅读的热爱建立跨越种族界限的社区

多任务处理和谦逊的困境

根据我的经验，很多人聚在一起并没有真正的目的，因为他们不清楚什么是目的，也不知道该如何找到目的。但是有很多人，包括我自己，都希望聚会能有更宏大的目的，此时往往会遇到两种内部阻力：一种是出于对多任务处理的欲望，另一种则出于谦逊的心理。当我认识的一位叫S的女士决定举办一场晚宴时，这两种情绪就同时冒了出来。

因为对这场晚宴感到困惑，她找到了我。这显然不是一场普通的晚宴，她似乎有一种无法言说的特殊需求。但她并不确定自己究竟为什么要办这场晚宴，这使她感到茫然不已。

当我问她为什么要请客时，她的第一反应是"因为这对夫妇曾经邀请过我们，我们需要礼尚往来"。

从技术上讲，这算是一个目的，但并不是一个重要目的，所以我继续问了更多的问题。S和我讨论得越多，那部分无法言说的目的就越清晰：在固定的朋友圈中继续轮流请客；为她的生活带来更多有意义的对话；帮助丈夫创造新的商机。

这些都是值得相聚的理由，但各目标之间并不是很协调。惬意的目标和给丈夫带来商机的目标并不一致。款待固定圈子的朋友和拥有有意义的对话互相矛盾，因为有意义的对话往往源自新鲜的血液。S试图把几个不成熟的小目标塞进一场晚宴里，但事实上没有一个聚会可以一次性满足那么多不同的目的。

S并不是没有意识到有目的性的聚会的重要性。她来找我正是因为她清楚地知道自己想要办一个更有目的的聚会。尽管如此，多任务处理的本性还是出现了，她希望一场聚会能同时解决很多事情，而不只是某件事情。

通过进一步的询问，我试图让S在众多可能性中致力于一件事：如果她可以通过这顿晚餐完成任何事，她希望宾客在离开时是什么状态？我们沟通得越多，她的想法就越多，她也变得越兴奋。

她很快意识到，对她而言最重要的是创造一个能突破固有招待模式的聚会。年轻时，她和丈夫通过聚会结识了很多新朋友。但随着年纪的增长，她的丈夫创建了自己的小公司，孩子也上了大学，聚会开始变得越来越少。他们发现自己一直在和同一群人进行着类似的对话。尽管她很喜欢她的朋友，但和她们共进晚餐并不能带来冒险感和多样性。她决定要从这顿晚餐中获得新奇感和新鲜感，并以此为先例用到更多的晚宴中。她决定抛开为丈夫争取商机和酬谢朋友的目的，只专注于与新朋友建立有意义的连接。

让聚会致力于一件大事使她感到既兴奋又害怕。她害怕，因为她原本计划的晚宴虽然毫无目的，却很简单，可以在没有意外、低调、毫无压力的情况下顺利完成，而按照我引导的方式去聚会却需要致力于一件大事。

"我有什么资格以这种方式聚会？"人们经常自我质疑，"我有什么资格将自己的想法强加于他人？一个宏大的目标也许适合国宴或公司拓展活动，但对于我们的家庭聚会、晚宴、晨会而言不会显得过于自大、野心勃勃或一本正经吗？"

这种谦逊的心理与一种不想让别人觉得你很在意的情绪有关，对这场聚会，你渴望显得很淡定、冷静和放松，但聚会并不是一项令人淡定的活动。如果你想冷静，去北极吧。谦逊也可以源自人们不想强加于人的观念。这种犹豫不决在许多聚会中都很普遍，因此你并没有意识到有一个专注的目标其实是在帮助你的宾客。

S越来越清楚自己的主要目标，并摒弃了内心深处迫使她在聚会上一次性做很多事情的杂音。她克服了谦逊的压力，克服了以"我有什么资格"开头的自我质疑。以新奇感和新鲜感为目标，她决定邀请三对夫妇来共进晚餐。其中一对夫妇中的丈夫是S的丈夫最近通过工作项目而结识的，虽然S和丈夫很欣赏他，但还从未邀请他参加过他们的社交活动。另一对夫妇比较年轻，是S的丈夫过去的学生。最后一对就是曾经请他们吃过晚餐的夫妇。

当听到第三对夫妇的情况时，我的耳朵竖了起来。我担心之前被摒弃了的不成熟的目的是否又死灰复燃了。"为什么请最后一对夫妇？"我问道，"出于义务吗？"

S说，她其实很希望他们能来，而且让这对密友出席晚宴有助于在她现有的朋友群中传播一种新观念，那就是他们不必总是以一成不变的方式社交。这与她定下的新目标是一致的。

S希望这群朋友之间能有单一的对话，并且为了实现输入"新鲜血液"的想法，她希望能有一个问题，不但可以透露每人的一些情况，而且能将客人彼此连接起来。考虑到自己和丈夫都有移民背景，她决定问问大家对"家"的想法。

她的丈夫首先说道："我的母亲前段时间去世了，我意识到去探望她是我和我的出生国之间的最后一丝联系，我对家的定位也因此有了改变。在这种政治气氛下，'作为一个美国人意味着什么'的概念正在受到质疑。你们觉得'家'于你们而言是什么？"

这个由移民和本土美国人组成的圈子一起探究了这个问题。整个对话既美妙又刺激，同时也达到了 S 的目的，因为他们不仅倾听了新朋友的故事，也探讨了更具宏观意义的时事。他们欢笑、质疑甚至热泪盈眶，因为这个话题所引起的共鸣不但是普遍的，更是有深刻个人色彩的。

几天后，S 收到了其中一位宾客的感谢邮件，邮件写道："我依然在思考你们提出的那个好问题。我和丈夫在回家的路上还在乐此不疲地讨论。我们现在甚至还和孩子谈论这个话题！谢谢你。"

聚会的目的不一定要很正式、刻板或举足轻重，不一定非得是关于慈善的，或要有公益意义。在苏格兰，会举办有数百只狗参与的金毛猎犬节（Golden Retriever Festival），它的目的非常明确，却无足轻重：向 19 世纪负责培育这种品种的崔德默爵士致敬。康尼岛的美人鱼游行在其赤裸裸的光辉下也有一个明确的目的：庆祝夏天的开始。

聚会的目的就是让大家知道为什么要聚在一起，并为能聚在一起感到荣耀。一旦你心中有了这个目的，就能够更轻松地做出决定。

目的是你的护身符

聚会的目的不仅仅是一个鼓舞人心的概念，它还是一个工具和过滤器，帮助你确定所有或大或小的细节。聚会就是一次又一次的选择：地点、时间、食物、餐具、议程、话题、演讲人。事实上，当你知道为什么要聚会时，特别是当你明白为什么聚会是特别的、有趣的，甚至是有争议性的时候，你会更容易做出选择。

让目的成为你的护身符，让它决定聚会上该有什么和不该有什么。当你对某些元素存在疑问时，即使是最不起眼的细节，你也要回归到目的上，并根据它做出决定。在接下来的章节中，我将向你们介绍在设计更好、更有意义、具有更大胆目的的聚会时必须做出的一些决定。现在，我想用一个图书节的故事来结束这一章。这个故事告诉我们：当你有了一个聚会目的，却没有尽全力去实现它，只是时而用它来指导你的决定时会发生什么；当你不把聚会目的当作护身符的时候会发生什么。

这个图书节每年在美国的一个大城市举行。它曾经是缔造者的一个梦想，而他们在早期的目的无非让它存在而已。他们成功了，图书节每年都吸引了成千上万名游客。现在，他们觉得自己需要一个新的目标。既然这个节日的继续存在已经有了保证，那么它的目的是什么？它能做什么？它怎样才能让自己有价值呢？

图书节的领导就这些问题向我寻求建议。什么样的目的可能成为它的下一个伟大的动力？有人认为这个节日的目的是把社区团结起来。当然，图书确实是媒介。但是，不能为自己设定一个挑战，让这座城市变得更加紧密相连吗？难道一个有雄心的节日就不能帮助庞大的读者群体变成良好公民吗？

在我看来，这是一个充满希望的方向，是一个可以指导图书节建立的特定的、独特的、有争议的目的。

现在是时候将这个候选目的作为一张护身符进行试运行了。如果图书节的目的是将城市更紧密地连接在一起，它会如何改变？我们需要添加什么，减少什么？我们开始头脑风暴。

我提出了一个想法：与其每次都从书和作者本身开始，为什么不从一个两分钟的练习开始呢？在这个练习中，听众可以进行有意义的（短暂的）互动和连接。主持人可以问三个与城市或图书有关的问题，然后让每位观众转向一位陌生人讨论其中一个问题：是什么让你来到这座城市，是因为你出生在此还是情况使然？什么书深刻影响了你的童年？你认为怎样才能使我们的城市变得更好？以这些问题开场将有助于听众彼此了解，这也将打破不与陌生人说话的常规，或许人们在离开会谈时津津乐道，意犹未尽。这将激活"城市书迷"的群体身份。在没有这些问题的情况下，群体身份往往是隐匿的。

　　一提到这个想法，小组里就有人发出了担忧的声音。"但我不想占用作者的时间。"有人说。看吧，这个真正但隐匿的目的从沉睡中醒来，并坚持它的首要地位。理论上讲，每个人都喜欢"图书节是社区黏合剂"的想法，但一旦需要在另一件事上妥协以拥抱新事物时，警钟就会响起。这个小组还没有准备好将连接社区作为图书节的目的，因为这需要改变会谈的结构，或者占用其他事情的时间。不管他们承认与否，他们的目的其实是推销图书和阅读，并向作家致敬。让一个作家等上两分钟去让公民建立联系，这让他们很为难。

　　其实很多人都和图书节一样：出于各种隐匿的动机组织一次聚会，而对更崇高的目的做出不确信的姿态。如果要按照我建议的方式聚会，你首先要明确并真诚地致力于你的目的，那么做决定就会轻而易举。你首先将面临的选择包括邀请谁，以及在哪里聚会。

第二章

谁，在哪里

THE ART OF GATHERING

HOW WE MEET AND WHY IT MATTERS

第一部分：谁

以目的为导向的宾客名单

宾客名单是测试聚会目的是否明确的第一张"试纸"，是你把想法付诸实践的第一次机会。就像图书节的组织者们在讨论是否要改变作家会谈的举办方式一样，这是在评估你对这些想法究竟有多执着，有多愿意为了坚守聚会的目的而牺牲邀请一些宾客的机会。我曾与许多组织过聚会的人共事，他们对聚会全新而大胆的目的感到兴奋不已，但所有的勇气在决定邀请谁或不邀请谁的压力下不堪一击。

邀请别人很容易，把他人排除在外却很难。我们从小就被告知"人越多越开心"。荷兰人说："灵魂越多，快乐越多。"法国人说："傻瓜越多，欢笑越多。"冒着不信奉这流传数千年的信条的风险，我想说：当你学会有目的地排除一些宾客时，你将开始有目的地组织聚会。

我不喜欢被排除，而且我经常违反自己的规则。但是经过深思熟虑的排除对于任何聚会而言都是至关重要的，因为邀请过多的宾客会产生更深层次的问题。最重要的是，邀请过多的宾客混淆了聚会的目的，也反映了你对聚会目的和宾客缺乏承诺。

有时候我们会邀请过多的宾客，因为我们觉得有必要像S那样偿还别人的人情债。有时候我们会邀请过多的宾客，因为我们在维持一种我们并不真正信奉的习俗："我不能不邀请营销团队，那对他们是一记巴掌，他们都是这个活动的常客。"有时候我们会邀请过多的宾客，因为我们不想处理因为排除某些人而产生的后果，尤其是那些善于引起轩然大波的人。我们屈服于已从公司离职的创始人，希望他能远程领导，尽管聚会的目的是要在创始人离职后建立新任 CEO 的权威。当一对情侣的父母第一次见面时，我们屈服于恰好来访的阿姨，并自欺欺人地相信她的存在是有价值的。

从理论上讲，面对那些不应该出现但又很难拒之门外的人，顺其自然会让我们感觉更轻松、更慷慨。但善于思考的聚会组织者明白，"包容"实际上可能是无情的，"排除"则可能是慷慨的。

排除的恩惠

我曾经是一个健身小组的一员，我们当时就在努力解决这个问题。"排除"会让聚会变得更快乐，还是更可怕？小组中的成员每星期都会在黎明时分和一位教练在公园里聚会两次，一边交换着故事和建议，一边锻炼腹肌。这个团队变得越来越紧密，渐渐地成为我们生活中的亮点。有一天，其中一位成员计划去度假。我们的惯例是要求成员提前支付一季的费用，这位朋友可能会因此损失这笔钱，于是她想出了一个"妙招"。她给小组写了一封电子邮件，介绍了她的一个朋友。她建议，在她旅游的时候，这个朋友能"替代"她参加健身小组的锻炼。我们对这种替代感到惊讶和不安，但又无法解释其中的原因。

直觉告诉我们，这种替代违背了我们的聚会目的，但问题是我们从未真正讨论过它的目的是什么。直到其中一位成员消除了我们的疑惑，她说："这并不是一门课。"这番话让我们看清了聚会的实质。我们聚会的目的是以锻炼会友，这一点虽然没有被讨论过，但在小组中有着共识。这是一个通过锻炼把大家召集起来的会友机会，而不是碰巧有朋友参加的健身班。作为一群生活忙碌的人，我们希望找到一种固定且可靠的方式，与我们选择的特定朋友重新建立连接。

我们讨论了这个问题，并一致认同这就是我们健身小组的目的，这时处理这位朋友提出的具体问题就变得轻而易举了。我们规定这个健身小组不允许存在替代行为，因为一个陌生人可能会破坏亲密感和大家分享故事的意愿，而且还会占用大家的锻炼时间，因为需要去教一个可能只出现一次的新人去学习各种各样的训练。当无言的目的被表达出来并得到重申之后，我们很明确地知道聚会的核心是参与者。而在这种情况下，人越多就越可怕，而不是越愉悦。增加一个人，虽然看起来很慷慨，但对另外五个人而言就不那么厚道了，毕竟我们是冲着温暖、社交便利和诚实的空间才加入这个群体的。

即使以这种方式摸透了聚会的实质，但是说"请不要来"从来都不是一件容易的事。这就是为什么我们许多的聚会最终都以礼貌的名义被挟持。但有一点是有经验的聚会组织者必须知道的：在试图不冒犯他人时，你将无法保护聚会组织者本身和其他参与者。我常常发现，打着包容和慷慨的旗号（这是我十分在乎的两个价值观）的话，我们将无法界定谁属于这儿，以及为什么属于这儿。

当然，如果包容是聚会的目的和特征，那么宽阔的边界当然没有问题，甚至可能是必要的。但是当聚会的参与者过多时，原本极好的聚会目的可能会由于宾客过多而遭受不良影响。

贝拉克·奥巴马（Barack Obama）的姑姑曾告诉他，"如果每个人都是家人，就等于谁都不是家人"。是血缘组成了一个部落，是边界组成了一个国家，聚会亦是如此。因此，将奥巴马姑姑的话进行延伸：如果每个人都被邀请了，就等于谁也没被邀请，谁都不是真正属于这个群体的。

在健身小组中，我曾在一场关于包容的争论中支持"排除"。在几年前的一个不同但类似的情况下，我却是"包容"的拥护者。我花了很长时间才看清这扇关着的门内所蕴含的怜悯和善良。

关于我和朋友的一个定期周末聚会，我称之为"回归海湾"。我们是一群亲密的朋友，大家都是一项专业训练计划的学员。我们打算去海滩，在那里我们可以忘却训练的高压氛围而悠然自得、肆意撒野和尽情享受，这可是我们在每周的磨砺中无法体会的。我们玩软式垒球（T-ball）、烧烤、争论喝酒的正确顺序、计划"乱舞"到深夜，连续两年，这都是每个人所期待的周末。虽然谁都没有明说它那无可否认的基本目的，但大家普遍认为：这是一个共度时光、放松身心、增进感情的周末。坦白地说，在这个基本目的经过检验之前，我们并没有过多地考虑周末"回归海湾"的真正目的。

到了第三年，有两名组员已经开始和我们团体之外的人恋爱了，他们都想带上各自的伴侣。在通过无数次邮件和口头交谈之后，我们要求他们不要带上伴侣。其中一名组员不再纠结于这个问题，决定只身前往，因为这段感情还处于初级阶段，对她来说并没有那么重要。另一名组员是一名士兵，他和女友是异地恋，而使事情变得更加复杂的是，他很快就会被调走。"回归海湾"碰巧安排在他和女友仅有的几个周末之一中。而且他还想让女友看到他和研究生朋友一起，让她了解她不曾了解过的他的另一面。从某种意义上说，他想让女友知道究竟是什么事情有那么重大的意义，足以让他们分开，于是他再次征询大家的意愿。他先被告知我们租的房子没有足够的空间。他说他们俩可以在附近租一个房子，白天的时候和大家在一起，这一点最终也被以一种尴尬而又不情愿的方式否定了。我们的这个士兵朋友，最终决定放弃参加"回归海湾"的聚会。对我们中的一些人来说，这种感觉既不好也别扭，但也迫使我们反复思考这个问题：谁属于这个群体？这个群体存在的目的是什么？

经过长时间的思考，这个群体和它真正的目的浮出了水面，而我们许多人都不曾真正意识到这个目的。正如我的健身小组所揭示的那样，冲突往往会暴露目的。我们都知道，这个群体已经发展出了自己的节奏和仪式，并产生了某种魔力。

不为人所知的一点是，对于这个群体中的一名成员来说，这种魔力使他难能可贵地获得了一个做自己的空间。作为一名同性恋者，他只向朋友透露过自己的性取向，但对更广阔的世界讳莫如深。我们中的一些人并不知道，这是"回归海湾"给予我们的珍贵机会，不仅是对这位同学，还有那些同情他的人，以及那些喜欢和最自在的他相处的人。对他最有益的东西也让我们从中获益，即使这很微妙。在这里，我们所有人都可以展示最真我的一面，包括有些危险的一面，但不会危及我们的安全和职业发展。虽然从来没有人正式宣布这就是"回归海湾"的目的，但对许多人来说，这是不言而喻且不可剥夺的。持有这种观点的朋友和在群体中占主导地位的朋友都一致认定，外人的加入会改变这种环境。不管有没有战争，那个士兵的女朋友都不能来。

多年后，我们的同性恋朋友公布了自己的性取向，并成为他所在领域的领袖。我愿意相信是这群朋友滋养了他，为他提供了一片安全且自由的天地，帮助他一路前行。虽然当时我不喜欢这种排除他人的做法，但现在我认为拒绝这两个新伙伴加入我们的小群体是正确的决定。人越多，越可怕。让他人和我们保持一定的距离是让我们的朋友和自己出来玩的原因。

回顾这一事件，我意识到，当你未能提前为聚会设定一个明确而有共识的目的时，你往往会因为参与者提出的问题而无可避免地思考聚会的目的。我的健身小组就是这种情况：我们从来没有想过健身小组的目的是什么，直到我们在一场关于健身小组是为了谁的争论中找到了自我。

需要明确的是，我并不建议通过"邀请谁"的问题来明确聚会的目的。但是两者之间的联系表明，聚会的目的可能会有某种程度的模糊和抽象性，直到通过划定"谁能来"和"谁不能来"的界限才会变得清晰。当你需要排除他人的时候，目的就开始派上用场。如果你并不是独自一人主持聚会，那么你不仅应该花时间思考聚会的目的，还应该（在理想情况下）与其他主持人达成共识。我们为什么要做这件事？我们应该邀请谁？为什么？

换句话说，深思熟虑的排除不仅慷慨，还有助于划定界限，能够更好地让客人知道这是一场"什么样的聚会"。

我所知道的机灵的聚会组织者之一，是一个叫诺拉·阿布斯蒂特（Nora Abousteit）的女人。她曾给我讲过一个关于她已故父亲的故事。她的父亲是埃及移民，名叫奥斯曼·阿布斯蒂特（Osman Abousteit），后来移居德国。那个故事完美而简练地说明了没有邀请谁可以成就一场聚会的道理。

1957 年，奥斯曼来到德国吉森小镇攻读化学博士学位。令他懊恼的是，他注意到吉森小镇并没有一个真正的学生聚会场所，也就是没有一个场所可以让学生从教授和镇上那些无聊的成年人那里解放出来。他决定开设吉森小镇的第一家学生酒吧。为了纪念埃及金龟子，他把这家酒吧命名为 Scarabee（金龟子）。奥斯曼的直觉是正确的，他的同学都渴望有个地方可去，于是他们成群结队地去了 Scarabee，这个有自己的一套娱乐规则的地方。例如，在那个大家都认为直接用瓶子喝啤酒愚蠢至极的时代（人们认为应该把啤酒倒进玻璃杯里），Scarabee 就提供瓶装啤酒。然而，并不是这些率性或蜂拥而至的学生赋予了 Scarabee 传奇般的地位。相反，这得归功于一次非常令人瞩目的拒绝。

要进入俱乐部，你必须向门口的保安出示学生证。有时候会有一些不是学生的人到访，他们会被拒绝入内。这种拒绝很好地强调了酒吧规则，但并没有引起多大的轰动。直到有一天，这个到访的人是副市长，情况才变得有趣起来。因为保安拒绝让他入内，副市长提出了强烈抗议，奥斯曼不得不出面处理这一情况。他依然执行了这项规则，把副市长拒之门外。正是这种苛刻而冒险的拒绝，才巩固了 Scarabee 的名声。这不仅仅是一个只招待学生的酒吧，更是一个有着明确目的而使成员愿意为之抗争的酒吧。

如何聪明地排斥

你可能会再次问，我该如何慷慨地把他人排除在外呢？

当我为客户组织大型且复杂的会议时，这个问题经常出现。以下是我抛给他们的一些问题。

谁不仅适合而且有助于实现会议的目的？

谁会威胁到会议目的？

谁是你觉得有义务邀请的，即使与聚会目的无关？

当客户回答前两个问题时，他们开始领会会议的真正目的。显然，符合并满足会议目的的人应该到场，而明显威胁到会议目的的人就应该被排除在外，虽然这会略有难度。(这并不意味着他们总是会被排除在外。礼貌和习惯往往是组织者的软肋，但是聚会组织者应该意识到谁不应该出现在聚会上。)

第三个问题才是真正检验聚会目的的试金石。如果有人会威胁到聚会的目的，你当然理解为什么他不能来。但是让人感到困惑的是，与聚会目的无关的人有什么问题呢？邀请"鲍勃"有什么不对吗？每一次聚会都有这样的"鲍勃"存在，营销部的"鲍勃"、你女朋友的哥哥"鲍勃"、你来访的阿姨"鲍勃"，"鲍勃"是个非常讨人喜欢的人，也不会主动破坏你们的聚会。大多数"鲍勃"都对被邀请心存感激，他们有时会贡献一份自己的力量或带一瓶葡萄酒。你曾经也可能是"鲍勃"，我当然也不例外。

深思熟虑和有意排除的关键是鼓起勇气远离你的"鲍勃"。这是为了改变你的观念，让你明白那些不符合聚会目的的人会分散你的注意力，即使他们什么也没做。因为一旦他们真的出现在你面前，你(和其他体贴的客人)就会想要迎合和款待他们，让他们融入进来。这会分散你的时间和注意力，让你分不清自己究竟是为了什么(和谁)而来。特别是在规模比较小的聚会中，每个人都会影响整个群体的氛围和活力，而客人之间的互动也会影响到聚会的目的。明智而有目的的排除将重新定义你所专注的人和事，即你的客人和你的聚会目的。

我遇到的一个常见问题是，在有多位主人的聚会中，不同的主人会有不同的"鲍勃"。当你处于"谁才是鲍勃"的冲突中时，你可以问自己一个很管用的问题：这个聚会首先是为了谁而办的？

我曾经在一个海滨度假胜地为40位政治运动的领导人设计了一场有多代人参加的会议。我所合作的主办方是一个由四名来自不同组织的代表组成的团队，我们需要共同制定宾客名单。虽然我们在初定名单上达成了一致，但司空见惯的是，新的请求会不断出现：没有收到邀请的人渴望参加会议，收到邀请的人又希望携带其他朋友来。当时有一位很有影响力的捐赠者要求带一位朋友一起参加会议时，其中一位组织者认为我们应该顺她的意，否则她可能不会出席，而另一位组织者则认为，那位朋友实际上是个"鲍勃"。我提示组织者问问自己：这次聚会首先是为了谁？这是40位领导人的首次聚会，如果组织者能让他们就一个共同且更远大的愿景达成一致，这将是此次运动的一个巨大突破。当组织者梳理出会议的目的时，他们意识到会议的魔力是让这些领导人将各自的议程和动机与一个更宏大且统一的主题联系起来。要做到这一点，我们需要设计一个能让他们彼此进行有意义互动的聚会。在这种情况下，我们认为携带一位密友会在一定程度上分散这位客人的注意力，让她不会深度参与进来。因此，她被拒绝了。（她最终还是接受了邀请。）

我还曾为巴西的一家公司组织过聚会，帮助他们的团队思考如何建设一座新城市。我们邀请了来自世界各地的12位专家，用一天的时间构思一种全新的方式来设计一个现代、富有创意、可持续发展的城市。在最后一刻，公司的高管问他们是否可以多带十个人来观摩会议，这无疑将使整个参会人规模扩大一倍。我们不得不再次询问自己：这次聚会首先是为了谁？为了客户。根本目的是什么？提出大胆的想法，而且客户有足够的政治资本和风险偏好去实施这个想法。基于此，我们意识到这些额外的人实际上并不是"鲍勃"。有更多的人观摩这个过程的早期阶段，并对这些"天马行空"的想法感到兴奋，将有利于更好地实现这次聚会的目的。这些人的热忱会对项目有所裨益，因此我们同意让他们来。因为观摩会议的人数将超过参会人数，我们相应地调整了会议的形式，突出观摩者的作用，把他们的人数规模变成一种优势。我们在房间里放了两圈椅子，一圈在内，一圈在外。内圈的12把椅子留给专家，而我将通过小型的对话、大胆的主张和热烈的讨论来推动他们的讨论。外圈的范围则更大，所有的椅子都朝向内圈，那是客户和他们客人的位置。没有电话，只有深入的观察和倾听。外圈增加的规模和能量最终为坐在内圈的人创造了一个更加令人兴奋的环境。人们，而且是很多人，都在认认真真地倾听他们的想法。

良性排除能激活多样性

你可能会问：在一个排除变得司空见惯的世界里，我们不是在倒退吗？在聚会上排除他人不正是我们多年来一直反对的吗？无论是深思熟虑后为之，还是有意为之，排除难道不是多样性的敌人吗？

答案：并不是。

我的促动师职业生涯起源于我所主持的种族对话。作为一个双种族混血儿，我很少会像相信"异类凝聚之力，所生之物而悟道天地"那样激昂地相信一些事情。我因此而存在。

多样性是一种需要激发的潜力。它可以被利用，也可以只是存在。全市图书节的观众非常多元化，组织者却让他们保持沉默，观众干巴巴地望着台上的人对话，而没有从这种多样性中得到好处。给读者时间和鼓励读者彼此交谈，他们将会从差异中汲取更多的能量和洞见。相反地，在"回归海湾"中，多样性被很好地激活了。一个在学校隐匿自我的学生让自己在那片天地里变得真实，而正是排除使得这种多样性得以被激活。

把那些与你不同的人排除在你的聚会之外并不是我感兴趣的那种深思熟虑的排斥。相反，我感兴趣的是如何界定一场聚会，使其多样性能得到强化，而不是在一群人的大杂烩中被稀释。

以俄亥俄州退休社区贾德森庄园（Judson Manor）为例，其会员被限定为两个截然不同且有严格界限的群体：大学音乐系学生和退休人员。这个为老年人设计的住宅是一个翻新了的 20 世纪 20 年代的酒店。2010 年，一位董事会成员听说了附近克利夫兰音乐学院（Cleveland Institute of Music）存在住房短缺的问题，他们因此决定尝试一项实验。第一年，社区邀请了两名音乐专业的学生（后来增加到五名）免费与 120 位老年居民住在一起。作为交换，学生需要提供独奏会和艺术疗法课程，并经常陪伴这些老年朋友。组织者希望音乐系的学生能够成为一种对抗孤独、痴呆，甚至高血压的"补药"。这一想法源于一些研究，这些研究表明，当老年人与年轻人交流时,他们的健康会受益良多。反过来,学生将得到每位艺术家都梦寐以求的东西:热切而痴迷的观众,以及大家都渴望的免费住房。(这些代际住房实验在荷兰也曾被高调地实施过。)

这个例子很好地体现了深思熟虑的排除和活力四射的多样性,以及两者是如何相辅相成的。没有人能指责贾德森庄园的同质性:它存在的真正理由是让老年人和年轻人产生碰撞。因为在许多富裕国家,这两个群体总是彼此分离的。要想切实地实现这一目的,就必须严格界定"谁"和"原因"。贾德森庄园的老板约翰·琼斯(John Jones)也迫切地希望能确保这一年龄差异不仅能共存,而且能被激活。

"匹配点在哪里?他们这样做的出发点正当吗?我们不希望学生只把这儿当作毕业前的一个免费公寓而已。"琼斯说。可以想象,如果这项实验允许任何年龄的人自愿花时间和老人在一起,结果一定是劳多功少、不尽如人意的。同样地,不限制学生的背景和专业亦会收效甚微,竹篮打水一场空,甚至即使是那些自己已经有公寓,打算在自己方便的时候来串串门的音乐系学生,也终将枉费心机,无功而返。无论是哪一种情况,实验效果都会被降低。更大程度的开放反而会削弱年龄差异所激活的生机和活力,这与疗养院的追求背道而驰。在这些学生所处的特定年龄和生命时段中,有一种力量激励着老年居民。当被问及有这些年轻人常伴左右有什么特别之处时,一位老年居民说:"这才是生活。"同时,正如一位年轻人说的那样,学生也因为"多了许多祖父祖母"而受益良多。"当我和这些年近古稀甚至百岁的老人交谈时,想到他们有些人所度过的光阴是我目前人生的整整四倍,拥有着能令我受益匪浅的人生阅历时,这简直太疯狂了。"音乐系的一名学生丹尼尔·帕文(Daniel Parvin)说。但至少在一开始,这种特殊关系的力量也得益于音乐。通过音乐会和独奏会,这种关系开始得到关注,并最终延伸到生活的方方面面。

在我看来,贾德森庄园给我们上了一课:聚会的特定性并不一定意味着把一个群体缩小至千篇一律的聚会形式中。在某些类型的聚会中,接纳过多的宾客会让人与人之间的连接变得肤浅，因为有太多不同的"线"可以让人们联系起来，以至于很难有意义地去"激活"其中的任何一条。深思熟虑的排除能让你专注于一段特定且未被充分探索的关系。一个过于包容的贾德森庄园志愿者项目将与许多养老院的志愿者项目大同小异。这个有着严格界限的项目使之从一个服务项目升华成年轻艺术家和老年听众之间的一种关系。

第一次萌发"跨差异性聚会的特定性"这个想法是我在大学里推动种族对话小组的时候。我为学校带来的项目叫作"持续对话"。这是一个由美国资深外交官设计的小群体对话，使人们能够跨越冲突而进行艰难的对话。当时我就读于弗吉尼亚大学，很多人在看到我这张种族模糊的脸时，都会先问我："你是什么玩意儿？"其他人的情况比我糟糕得多。在弗吉尼亚大学令人不堪的历史上，当彻底的种族冲突第无数次爆发时，我和一些同学决定探索"持续对话"能否鼓励人们进行对话。

在接下来的几年里，我们主持了20多场长达一年的小群体对话。每个小组由12～14名学生组成，每两周开一次会，每次三个小时，风雨无阻。在会议中，与会者会深入研究这些话题，并与和他们不同的学生建立关系。我和其他学生主持人一起主持每周的汇报会议，目的是明确和传播我们所学到的东西。

在对各个小组的成员结构进行实验时，我们从学生主持人那里得到的反馈是，最出色、最活跃、最激烈的小组是那些由两个深陷特定历史冲突的群体所组成的小组，而不是一般性的"多元文化"小组。年复一年，那些专注于一种特定关系的对话——黑人与白人的对话，犹太人与阿拉伯人的对话，以及（在另一个校区）共和党人与LGBT（同性恋者、双性恋者和变性者）的对话，拥有最庞大的忠实成员规模和最激烈的讨论（你希望在对话中看到的那种）。在这些小组中，主持人感到他们正在获得深刻的突破，而不仅仅进行是有趣的对话。为了保持专注，我们必须对没有那些背景又想要参与的学生说不，并深思熟虑地为我们的决定辩护。

规模问题

我曾经用上文所讨论的道理指导过一位客户。当她终于准备好有目的地排除一些宾客时，不可避免的问题出现了：我该如何开口？

最诚实的方法是向这些"不合格"的客人讲明你的聚会目的。你的聚会目的不是针对个人的，聚会有自己的生命。你可以告诉他们这并不是最适合他们的聚会。

你也可以把责任归咎于聚会的规模，这样做你也并没有撒谎。每个聚会目的都有相应的理想规模。对于聚会上发生的事情，不存在神奇的化学公式，毕竟这不是科学。然而，聚会的规模决定了你能在聚会中从客人身上获得什么。

如果你想在聚会上进行一场生动而又包容的谈话，你应该考虑邀请8～12人。如果少于8人，这个群体可能会缺乏视角的多样性；超过12人，就很难让每个人都有说话的机会。因此，当你厘清该邀请谁和该拒绝谁时，如果有额外的人，将改变互动的性质，因为群体的规模太大了。另外，如果你聚会的目的是做决定，那么你可以考虑减少厨师的人数。此外，像最高法院这样的决策机构会有意地在群体中设置奇数名决策者，以提高做出决策的概率。

根据我的经验，群体中有一些特定的神奇数字。每个促动师都有自己的数字列表，而且很近似。我的数字是，6、12～15、30、150。

6人组：这种小组规模非常有利于建立亲密关系、深度分享和通过讲故事进行讨论。"青年总裁组织"是一个面向CEO的网络，它开发了一个高度结构化的流程，有助于6人一组的同事进行相互指导，并解决问题。另外，6人一组并不适合提供多样性的观点，他们不能承受太多的负担。为了让聚会更精彩，每个人都负有更多的责任。教会经常鼓励他们的成员加入6人左右的"小团体"，每周与成员共进晚餐，分享待祷事项、痛苦和欢乐，从而使教堂变小。

12～15 人组：下一个有趣的数字是 12 人左右。12 人的规模足够小，有利于建立信任和亲密关系，也可以仅由一位仲裁者（若有，且无论正式与否）管理。（在大型会议需要多名主持人的情况下，通常会将与会者人数除以 12，以计算需要多少名主持人。）与此同时，"12"这个数字足够大，可以提供各种不同的意见，也可以让人产生某种程度的神秘感、错综复杂感，以及有建设性的陌生感。在"持续对话"中，我们的小组人数总是保持为 8～12 人。亚瑟王那张著名的桌子有 12 个座位，耶稣有 12 个门徒。在工作中我发现，12 这个数字（或多或少）是许多初创企业在成长过程中开始出现员工问题的分界线。我有时将此称为"桌子时刻"，即一个组织的成员围绕一张桌子已经坐不下了。这是一个转折点，它带来的问题会比你想象的要多。我曾与一家已经达到这个规模的美容公司共事，并注意到在曾经合议协商的文化中出现了冲突和不信任。当团队规模还不到 12 人的时候，整个公司都可以在一个会议室里坐下来合议任何事情。一旦员工人数增加到 20 人，这些即兴会议就会自然而然地把那些当时可能不在的人排除在外，因为桌边已经没有位置了。而且他们必须开始为这么大的团队制定一套会议流程。

30 人组：无论你的聚会是什么性质的，30 个人的聚会都令人隐约觉得像是一场派对。如果聚会的规模越小，亲密的程度就越高，那么 30 人左右的群体就会有自己独特的特质：喧闹的嘈杂声，能量巨大的爆裂声，派对所散发出来的可能性。这种规模的群体通常太大，以至于无法进行一场单一的集体对话，但是然我见过在有经验的主持人和有合适的房间的情况下，这种聚会还是可以被安排得很好。

150 人组：下一个有趣的数字在 100 到 200 之间。当我和会议组织者探讨群体活力时，我屡屡听到的理想范围是 100～150 人。虽然在具体数字上存在分歧，但他们都同意在这个数量级上，"亲密和信任在整个群体层面上仍然可以被触及"。星火会议（spark conference）是由媒体领袖举办的实验性聚会，一开始有 100 人参加。后来组织者发现 70 人的规模能创造一个更亲密的环境，许多"非会议"都是为 100 人的规模而设计的。我认识的一位比利时酒店老板认为婚礼应该达到 150 人的规模，因为她认为在这个规模下每个人都能同时看到对方，因此婚礼可以像一种有机体一样运作。这个范围大致符合一些人类学家所认为的一个部落的自然规模。只要有意愿并做出努力，150 人是一个可以让每个人都彼此碰面的规模。150 这个数字也和社会学家罗宾·邓巴（Robin Dunbar）所说的人类可以维持的稳定友谊数量相匹配，这就是邓巴数字。当然，超过"部落"规模，人们仍然可以很好地进行聚会，只不过体验单元通常会被分成更小的子组。

人海：远远超出以上聚会规模的就是人海。想想波纳若音乐节、世界杯、塔利尔广场、百万人大游行、麦加朝觐和奥运会。这些聚会的目的与其说是增加亲密联系，倒不如说是利用一大群人的集体震动能量。

第二部分：哪里

地点是助攻

你已经明确了聚会目的，手上也有了宾客名单，那么，你们该在哪里聚会呢？

地点的选择往往是根据各种考量因素而不是目的来决定的。费用、方便性、交通等都能决定聚会的地点，甚至有人会自愿提供场地。

当你出于后勤事务的考量而选择地点时，你是在让后勤事务决定你的目的，而实际上它们应该为目的服务。

一个房间不就是一个房间吗？接受摩根的邀请有什么不妥吗？

问题在于，场地是自带脚本的。我们倾向于严格遵循与特定地点相关的（如果是不成文的）脚本。我们往往在法庭、会议室和宫殿里表现得严肃庄重，而在海滩、公园和夜总会又会表现出完全不同的一面。帕特里克·弗里克（Patrick Frick）是一名专业促动师，他告诉我，"环境应该发挥作用"。当他与高管团队合作时，他们会提供一间董事会议室让他组织活动，他说："我95%的选择一下子落空了。"为什么？弗里克说，因为"走进这个房间的人会立刻陷入同样的行为模式：CEO坐在最前面，而你也已经完全被驯化和洗脑，知道该如何表现自己"。你按照等级来安排自己的位置，知道什么时候才可以发言。

杰瑞·宋飞（Jerry Seinfeld）曾向一位采访者提出过类似的观点，即房间如何决定喜剧的成功："房间完成了80%的工作。每个喜剧演员都有过这样的经历，一个富人在俱乐部看到这个喜剧演员，说，天哪，我必须让他到我的派对上表演。然后你就参加了派对，他们把你安排在客厅或者某个奇怪的房间里，你的一切计划就都泡汤了。因为房间环境能完成80%的工作，赋予你相对于观众的优势。"

改写和歪曲一下温斯顿·丘吉尔（Winston Churchill）的话，首先你要确定你的场地，然后你的场地将决定你可以展现什么。如果弄清楚宾客名单就是要决定谁能最好地帮助你实现聚会的目的，那么弄清楚聚会地点就是要决定你想如何让这些宾客成为最真实的自己和最出色的宾客。

那么，你该如何选择一个恰当而且符合聚会目的的聚会地点呢？

具体化

你应该找一个能具体化地体现聚会目的的环境。当一个地方将一种想法具体化地体现出来时，它会把一个人的整体身心都带入体验，而不仅仅是他们的思想。

总部位于波士顿的温柔巨人搬家公司（Gentle Giant Moving Company）的CEO拉里·奥图尔（Larry O'Toole）在招募新员工时就使用了具体化的方法。他带领着一群新员工参加了波士顿的跑步比赛，比赛的终点是哈佛体育场的台阶。和在一间办公室里做入职介绍相比，这个场地的选择让新员工窥探到了公司的一些情况：在这里工作，你必须有强健的体魄。同样重要的是，在努力工作的同时，你应该保持和谐、合作、愉悦和运动的态度。年复一年，温柔巨人搬家公司被评为波士顿最好的工作场所之一，而这并不令人感到意外。

想要具体化地体现聚会目的并不需要去一些很特别的地方。有时候只需要把一个房间重新布置一番就足够了。温迪·伍恩（Wendy Woon）是纽约现代艺术博物馆教育部门的负责人。她的工作是帮助一个世界著名的博物馆加大对公众开放的力度。对任何博物馆而言，这都是一项有争议的工作，因为博物馆的权力往往掌握在馆长手中。有时候，博物馆似乎是为馆长而建的，而不仅仅是由他们而建的。让博物馆向普通民众开放的目标，往往与策展人对展品的渴望存在矛盾，策展人希望这些展品能赢得同行以及整个艺术界的尊重。伍恩的工作就是不断挑战这种渴望，成为博物馆内部的声音，质疑艺术的呈现方式，重组一切，以服务于公众，即使这意味着要反抗策展人。伍恩是要提醒人们：策展人认为神圣的东西并不神圣，博物馆应该学会与人交流。

作为工作的一部分，伍恩面向那些渴望有朝一日能成为博物馆教育者的研究生开设了一门课程。课堂安排在博物馆的一间教室里。第一天上课时，教室的门在下午三点整打开了。教室的中央是一大堆纠缠在一起的白色座椅，就像高速公路上遭遇连环追尾的车一样。学生困惑地停了下来，面面相觑，然后看向伍恩。他们的老师只是静静地观察，不露声色。

最后，学生开始互相交谈。他们的信心开始逐渐增强，互动也变得有趣起来。他们把椅子解开，整理好。在整个过程中，没有任何指导，每个学生必须决定如何处理自己的椅子：我应该把我的椅子放在哪里？应该离别人的椅子多远？我们该排成排，还是围成一圈？如果有人不认同这样的摆法，我们该怎么办？

正如我所说的，一个好的聚会并不需要花费大量的钱财或配备奢华的刀叉，更无需华丽的场地。伍恩使用的教室极为普通，那只不过是一栋建筑物中的一个不起眼的空间，而在一座城市中则充满了各种非凡的空间。通过简单地让椅子混乱地纠缠在一起，伍恩让这个教室成为课堂目的的化身，具体化地体现了她的目的。目的是什么？告诉这些未来的博物馆教育者，博物馆里没有什么东西是神圣不可侵犯的，即使是一堆在纽约现代艺术博物馆里被误认为是艺术品的椅子。她想要告诉他们，只有当人们参与其中时，艺术才会真正焕发生机；只有当人们在其中互动时，博物馆才会变得鲜活。在接下来的几周里，她教这些有抱负的博物馆教育者如何实现这种互动，即如何打造她所信仰并为之奋斗的参与式博物馆。在开课的第一天，她以零成本，并以令人难忘的效果，具体化地体现了她想表达的一切。

我不是温迪·伍恩，但在我的工作中，我总是试图让客户选择与他们更深层次的目的产生共鸣的空间和地点。法国东南部有一座建于 12 世纪的修道院，坐落在通往圣迭戈卡米诺的道路上，这是一条真正的朝圣之路。对于一家讨论城市未来的建筑公司来说，俯瞰整个洛杉矶的好莱坞山就是最好选择。对于一名想把自己的演技提升到一个新高度的喜剧演员来说，讽刺《洋葱报》（*The Onion*）著名的写作室就是他明智的选择。我一次又一次地看到，当一个地点激发了客户的灵感，让他们感觉更接近自己的目的时，我作为一名促动师的工作会变得容易得多，因为他们已经成功了一半。

考虑一下你们自己的聚会。在公司的下一次销售培训中，你不妨安排员工与地铁里的卖艺人在地下共度一天，以建立他们的同理心。毕竟他们的工作其实与卖艺人没有本质区别，只不过后者的工作形式更极端。你觉得呢？你也不妨把下一次大学聚会安排在墓地举行，提醒你的同学（这种方式虽然病态但很直接），时间对于实现年轻时所宣称的理想至关重要。你觉得怎么样？

可悲的是，未能具体化体现聚会目的的情况更为普遍，不愿意这样做简直是可笑且荒谬的。我曾经为一个提倡保护海洋的组织出谋划策。该组织在圣迭戈附近举办了一次团队会议，让每个人都能从东海岸闷热的办公室里解脱出来喘口气。当我看到日程表的时候，它已经被安排得满满当当了。我问他们什么时候才有时间去海边。"哦，我们有太多的事情要做，不能去看海。"组织者告诉我。这是一个人们因为热爱海洋而甘愿献身的组织。在海里和海边待上一段时间，可以让紧张的团队成员恢复活力，并让他们牢记自己的核心目标，而这次会议组织者并没有这样安排。

庄园原则

所谓庄园原则，其最狭隘的表现形式是，如果你不想提醒法国人他们的伟大以及他们根本不需要你的事实，就不要在庄园里举行会议。

每次聚会都有一个鲜活而特定的目的，需要更多的特定行为和更少的其他行为。如果聚会目的是凝聚一个团队，你需要更多的倾听行为，而不是慷慨陈词。如果聚会目的是让你的公司摆脱陈旧的想法和思维定式，那么做法可能正好相反。许多聚会组织者没有意识到的是，场地的选择是你控制客人行为的最有力的杠杆之一。一个聪明的聚会组织者会有意识地选择一个地方，来引导出她想要的行为，减少她不想要的行为。不遵守这一原则曾让一位银行家破费不菲，而且这还不包括庄园的账单。

现居旧金山湾区的投资者克里斯·万利拉（Chris Varelas）告诉我："我们选择的会面地点扼杀了这笔交易，对此我会一直争论到死。"早在2001年，万利拉还是一名投资银行家，是花旗集团的董事总经理和科技银行部门的负责人。他参与了一个代表朗讯（Lucent）的项目。朗讯是一家总部位于新泽西州的电信公司，计划与法国电信巨头阿尔卡特（Alcatel）进行大规模合并。这笔交易的价值超过200亿美元，是一个极为复杂的并购案。经过大约一年的谈判，并购终于开始步入正轨。最后一次聚会，高管将面对面地进行最后一次双向尽职调查。

在那次会议之前，双方都很好地维护了一个实用的假象。万利拉说，这桩交易"本应是平等的'婚姻'"，但每个人都心知肚明，阿尔卡特作为两家公司中实力较强的一家，"将更加平等"。据万利拉所述，在那之前，双方平等的观念在整个谈判过程中一直存在。这是双方能走得那么远的重要原因，直到一个地点的选择颠覆了这种模式。

万利拉说，原定的地点是新泽西州的一家普通机场酒店，这样就"没人知道我们在做什么了"。不让任何细节被透露给媒体是一项极其重要的优先任务，这样既可以避免交易失败时双方的尴尬，也可以"避免泄密，如果市场反应消极，泄密可能会破坏交易"。然而在最后一刻，阿尔卡特的一名高管病倒了，要求将会议迁往法国。他们选择了梅斯努斯庄园（Chateau des Mesnuls）作为会谈地点。梅斯努斯庄园位于巴黎以西约一小时车程的地方，为阿尔卡特的一家子公司所有。万利拉表示："我很确定他们经常将这个地方作为公司外的办公场地。这可能适用于内部规划和战略会议，但绝对不适用于并购谈判。"

这是一座拥有55个房间的庄园，恢复了路易十三时代的风格，里面有波斯地毯、金色壁画、枝形吊灯，还有法国著名士兵的画像。有人推测，这些士兵包括那些智胜盎格鲁人的撒克逊人，这些盎格鲁人错误地认为自己能和法国人平起平坐。在为期3天，每天18个小时的会议中，包括公司的执行团队、董事会成员、银行家、会计师和双方律师，齐聚庄园，敲定了最终协议。然而就在最后的几个小时里，《华尔街日报》发表了并购即将到来的消息，包括双方的议定价格。朗讯董事长亨利·沙克特（Henry Schacht）退出了会议，并购宣告失败。

根据当时的新闻报道，这次退席是有策略的，双方都在挣扎着就董事会代表权达成一致。但它也是感性的。"阿尔卡特收购朗讯的努力失败了，症结在于傲娇。"《纽约时报》报道称。"朗讯的管理人员犹豫不决，"BBC当时报道说，"因为他们不相信阿尔卡特将这宗交易视为平等的合并。"

为什么阿尔卡特突然之间不以一年来忠实的方式对待这笔交易了呢？

这很难说。但万利拉坚持认为，这是因为"在法国的庄园把法国人的特性诱发了出来"。

"我们坐在那些宴会厅里进行这些讨论。"万利拉说，"你可以看到阿尔卡特员工的傲慢自大。相比在泽西岛，他们变得更容易主张自己的统治地位。"法国人开始说一些类似于"'当我们接管时'的话，这让朗讯的高管火冒三丈"。万利拉表示，朗讯方面对阿尔卡特的行为感到震惊。朗讯的董事长最终说："我们要离开这儿。"交易失败了。

25 年后，当经历了更多的兼并案后，万利拉依然坚持自己的理论。"我99% 地确信，会面地点强化或诱发了潜在的心理假设。这暴露了'平等合并'的假象，因为这让阿尔卡特的人太容易主张自己对朗讯的主导地位。"他说。

即使你不是在谈判一笔数十亿美元的交易，庄园原则也同样适用于你的聚会。人们会受到自己所处环境的影响，你应该把聚会安排在一个适合你的地方。在某些情况下，在庄园里举办聚会可能对你的目的大有裨益。但对于这两家公司而言，它们只需要法国人再继续保持低调一天就能够大功告成，结果却因为错误的谈判地点而付出了沉重的代价。

5 年后，在朗讯新董事长兼 CEO 的主持下，朗讯和阿尔卡特的合并终于实现了。有人猜测，这次它们离庄园远远的。

转移

一个精心挑选的地点可以告诉人们你的聚会究竟是关于什么的（具体化）。它可能会促使人们以一种特殊的方式行事，从而最大限度地利用这一聚会（庄园原则）。另外，地点可以而且应该再做一件事：转移人们。

转移是指打破人们的习惯，将人们从日常事务的沉睡中唤醒。作为一名促动师，我试图通过所问的问题和所做的练习来达到这个目的。但在很大程度上，空间的选择也可以实现这种转移。就像温迪·伍恩的例子一样，要实现一点小小的转移，最需要的是想象力和努力。简而言之，就是在一个人们都不以为然的地方去做一件事。

例如，人们通常认为最好在陆地上用餐，至少这是传统智慧。然而，在20世纪40年代的一个晚上，在希腊小镇卡拉马塔，英国旅游作家帕特里克·利·弗莫尔（Patrick Leigh Fermor）和他的朋友萌生了另一个想法。当他们坐在炽热的码头上等待美食上桌时，弗莫尔和他的两个同伴默默地抬起了铁桌，把它搬到了海里。他们坐在齐腰深的水中，耐心地等待着服务员。弗莫尔写道，侍者从餐厅出来时"诧异地盯着空荡荡的码头，然后在见到我们后，立刻满脸微笑，毫不犹豫地带着晚餐径直走进了海里"。周围就餐的客人都被这一奇观逗乐了，开始给海上就餐者送酒，以颂扬他们的"放荡不羁"。不足为奇的是，《纽约时报》在弗莫尔的讣告中提到，他的"桌子"被誉为"欧洲最活跃的桌子之一"。

晚宴不应该在海里进行，而这正是弗莫尔去海里的原因。这也是为什么你应该思考下次聚会不应该在哪里举行，然后偏偏在那里举行。

就像伍恩所安排的教室一样，转移也可以发生在常规的地点。著名的摄影师普拉东（Platon）就是这样一个例子。

如果你看到普拉东的一件作品，你可能会立刻认出它来。多年来，他一直是《时代》杂志的封面摄影师和《纽约客》杂志的专职摄影师。近距离地拍摄他的拍摄对象是他的标志性风格，近得甚至可以看到他们的毛孔。从厄尔·卡特到贝拉克·奥巴马，普拉东为每一位在任美国总统都拍过照。早在希拉里·克林顿和唐纳德·特朗普成为总统候选人之前，他就已经为他们拍摄过肖像照了。他拍摄过世界各国领导人的照片，从安格拉·默克尔（Angela Merkel）到托尼·布莱尔（Tony Blair）。他还为联合国第八任秘书长潘基文（Ban Ki-moon）拍过照。普拉东不仅拍摄有权势的人，也拍摄挑战权势的人，此外，他的镜头还捕捉过数百位名人，比如乔治·克鲁尼（George Clooney）、小野洋子（Yoko Ono）以及博诺（Bono）。

除了他那一长串著名的主题之外，普拉东的非凡之处还体现在他能让这些人在房间里所做的事情中。这些领导人（其中许多人都有新闻秘书和形象顾问）向公众展示了他们希望公众看到的面孔，这符合他们的利益。而普拉东感兴趣的是让他们展示一些别的东西，一些真实的东西。

如果可以，普拉东会让他的那些著名的拍摄对象在他位于纽约 SoHo 区的工作室进行拍摄。然而，在面对许多拍摄对象的时候，普拉东并不总是能够自由选择拍摄地点。他经常只有 10 分钟来为国家元首拍摄一张好照片，有时是在一间狭窄的酒店房间里，有时是在大学、音乐会或联合国大会的后台。在这种情况下，他无法完全按自己的意愿去控制空间。但不管环境如何，他总会随身携带一个朽迈、破旧、漆成白色的板条箱，并让那些著名的拍摄对象坐在上面。"我首先邀请他们'到我的办公室来'，这很有趣，因为通常都是我走进他们的办公室。"他告诉我。可别小看这个陈旧的白色板条箱，它上面坐过普拉东的每位拍摄对象。毋庸置疑，有时候总统的先遣团队看到这个箱子就会抓狂："我们不能让他坐在那个箱子上。"普拉东则会告诉他们，这个箱子上曾坐过哪些赫赫有名的人物，然后先遣团队就会勉强同意，屡试不爽。

普拉东将他的拍摄对象从他们所处的环境中转移出来，通过板条箱将他们与之前的所有照片（以及人）联系了起来。他可能有 7 分钟和总统在一起，而定义这 7 分钟的将是他的空间和环境，而不是拍摄对象。经过多年的东征西讨，这个箱子终于散架了。于是他让助手重新制作了一个箱子，使之看起来和原来的一样老旧，一样饱经风霜。板条箱已成为一个能暂时取代领导人御座的坚韧象征。

周长、面积和密度

这些指标应该可以帮助你选择整体环境。一旦着手设计聚会，你将面临更多关于房间、桌子、椅子等物品尺寸的实际问题。因此，在周长、面积和密度上要留意一些注意事项。

周长

聚会需要设定周长。当一个聚会场所被封闭起来的时候，它的效果最好。摄影师和舞蹈指导经常会关上房间里所有的门，就像普拉东对我解释的那样，"确保能量不会泄露出去"。

这条规定在餐馆里经常不被遵守。桌子通常被拼接成没有"头"的桌子，两排椅子面对面地摆放着。我曾经和六个朋友去一家餐馆吃饭，我们的餐桌由三张方桌拼凑在一起，两边各有三把椅子。整个晚上，我们都没有真正地进入谈话的状态。因为坐在中间的人必须左右张望，就像在看一场网球比赛，因此很难进行一次谈话。最后，大家被分割成了两组，然后谈话，但桌子的两头仍然在"渗漏"，令人感觉既不舒适也不亲密。我们真应该让服务员移走一张方桌，然后让两个人坐到桌子两头。这样（通过我们身体的位置）我们就有了一个封闭的空间，更便于我们交谈和分享，因为这样我们是聚在一起的。

一个封闭的聚会空间可以让人们放松，也有助于创造一个别样的世界。它就像铺设野餐的毯子一样简单，而不是坐在无边无际的草地上，或者像在全透明的会议室玻璃墙上临时贴上挂图纸，营造一点隐秘的氛围。如果会议里有多余的椅子，可以把它们移开从而拉近人与人之间的距离。一位地下派对促动师曾这样向我解释："如果你们坐在野餐毯上，你们就会围着这张毯子消遣娱乐。尽管周围没有栅栏，但野餐毯就是你们的心理构念。这不是关于究竟是坐在毯子上还是草地上，而是关于我们所要的精神空间。让它成为你的空间，一个舒适而安全的空间。"

游戏设计师埃里克·齐默尔曼（Eric Zimmerman）曾经告诉我，他和同事为洛杉矶的一个展览设计了一项实验。他们创造的棋盘游戏被四堵弧形的墙包围成一个圆圈，当人们走进里面玩游戏的时候，感觉就像在一个洞穴里。过路人对此很感兴趣，玩家最终沉迷于这款游戏，即使日夜颠倒也要继续玩下去。后来在组织者拆除了所有其他的布置后，他们不得不拆除这四堵墙。尽管棋盘游戏被完好无损地保留了下来，但随着围墙的倒塌，玩家们一个接一个地对游戏失去了兴趣，各回各家，空留一个仍可把玩的游戏棋盘。

齐默尔曼告诉我："当墙倒塌时，即使我们没有拿走棋盘游戏的任何一块，玩家也不想再继续下去了，因为能量已经被分散了。"一旦游戏的边界消失，玩家就会失去在另一个世界里的别样感觉。

移动房间

你不需要把会议放到海里去开来使它令人难忘（尽管我强烈推荐）。研究表明，简单地更换不同的房间去体验夜晚的不同阶段，就能很好地帮助人们更好地记住不同的时刻。为了确保人们能记住聚会的不同部分，记忆专家埃德·库克（Ed Cooke）建议在整个晚上安排几个有趣的阶段，且每个阶段都应发生在不同的空间里。库克说："这样一来，在你的记忆中，谈话不再是一团模糊的内容，只变成一句'那非常有趣'。相反，你可以记住每个时点发生的具体事件。这就好比一场旅途，有了自己的故事线。"

面积

聚会场地的大小应该服务于聚会目的。

我曾经参加了一场庆祝 40 岁生日的聚会。聚会的所有元素都很完美：又大又靓的场地、美味可口的食物、开放的吧台、充满生气的乐队，还有 200 位客人。但不知什么原因，整个晚上我都在不断回头张望，等着派对正式开始。即使所有的客人都已到场，我还是感觉房间里空荡荡的。我不得不走到房间的另一边去认识新朋友，因为每个人都站得很远。整个晚上我几乎都只和一群我已经认识的朋友在一起，没有任何社交风险。甚至当乐队开始演奏的时候，人们虽然聚集到了一起，却都犹豫不前，也没有人跳舞。究竟发生了什么？

空间太大了！这个场地有体育馆那么大。从来没有哪一个瞬间你会无意地撞见某个人，然后转身又结识一个新朋友。

还有一次，我正在筹备一个为期两天的研讨会，讨论普雷西迪奥（Presidio）要塞未来的用途。普雷西迪奥是一个大型公园，曾是美国陆军在旧金山的军事要塞。研讨会当晚，金门国家公园保护协会向公众开放了这个活动。人们被邀请前来聆听来自全国各地博物馆教育工作者关于"什么是一个迷人的空间"的演讲。我们想用鸡尾酒给聚会暖暖场，并具体化地体现我们所谈论的内容。

当客人陆续抵达时，会场上的一位建筑师意识到我们的聚会场地面积过大，无法营造出鸡尾酒会的氛围。她驻足思考了片刻，拿起我们一整天都在使用的挂图架，把它们围成一个半圆，瞬间将房间隔离出一小部分。随着人们慢慢入场，他们开始聚集在挂图架和为演讲准备的椅子之间，而不是散落在巨大的空间里。没过多久，场地就变得忙碌、热闹起来。这位思维敏捷的建筑师对群体所需的聚会空间的大小有着正确的认识，将大家从扫兴和无聊中拯救出来。

对于每周员工会议的地点，我们倾向于接受原始的默认设置，就像进入自动驾驶模式一样。如果房间中间有一张桌子，我们就会一直把它放在那儿。即使椅子被放在两边，我们也不会移动它们，即便这样做会创造更多的亲密感。所以下次请你记住，聚会场地里有一些像挂图架一样简单的东西能够帮你改变整个房间的感觉。

密度

建筑师那样做是为了让空间适合聚会的人口密度。我了解到活动策划人和空间设计师实际上对活动密度存在一定的经验法则。活动策划人比利·麦克（Billy Mac）坚信，每个客人在不同的氛围下所需的面积参数如下表所示。

例子：平方英尺[①] / 客人	精致的	活跃的	热辣的
晚宴	20 平方英尺	15 平方英尺	不适用
鸡尾酒会	12 平方英尺	10 平方英尺	8 平方英尺
深夜派对 / 舞会	8 平方英尺	6 平方英尺	5 平方英尺

资料来源：Apartment Therapy blog, https://www.apartmenttherapy.com/party-architecture-density-how-to-plan-a-party-5359.

① 1 平方英尺＝ 0.092 903 平方米。

麦克建议将"聚会场地的平方英尺除以人数，从而得到目标宾客人数"。如果你的娱乐场所有 400 平方英尺，而你想要打造一场"精致"的晚宴，那就邀请 20 个人吧。相反，如果你想要一个"热辣"的舞会，那就邀请 80 个人来参加。麦克说，派对的客人经常被吸引到厨房的原因之一是，人们会在聚会人数减少时本能地寻找更小的空间来保持这种密度。

第三章

别做一个冷漠的主人

THE ART OF GATHERING
HOW WE MEET AND WHY IT MATTERS

现在你已经知道了该如何为聚会制定一个大胆而清晰的目的，以及该如何根据这一目的制定宾客名单和场地决策。接下来，你应该考虑自己作为主人的角色，以及你将如何组织你的聚会？

"冷漠"是披着友善外衣的自私

无论是筹备商务会议还是家庭聚会，每当我向客户或朋友提出主人的角色问题时，他们都会犹豫不决。这是因为谈论他们的角色就等于谈论他们作为主人的权力，而谈论这种权力就等于承认权力的存在，这是大多数人都不乐意面对的事。许多不辞辛劳筹办聚会的人都希望尽可能少地主导自己的聚会。

但是又有谁愿意搭乘一艘没有船长的船呢？就像在S的例子里一样（她犹豫是否要在晚宴上做更多的事情），我一次又一次地督促客户承认自己的权力，掌控全局。但他们一次又一次地表示反抗。

我曾经在华盛顿特区为联邦政府和州政府的很多领导人组织过一次关于贫困政策的会议。组织者采纳了我的建议，在会议的前一天晚上举行了一次私密的谈话晚宴，让与会者有机会建立连接。这样做的目的是让领导人能深入思考、敢于冒险，甚至改变他们的思维方式，从而让第二天的政策讨论更人性化。

在计划确定后，州政府的一位领导人突然表示无法出席晚宴，但希望能照旧参加第二天的会议。我强烈要求组织者拒绝这一请求。要知道这顿晚宴聊的不是无关紧要的话题，而是聚会设计的核心部分。我们希望通过这种方式，可以让整个群体凝聚在一起，为会议创造一个完全不同且更具活力的氛围。而现在，出现了一个不曾参与这个过程的人想要在第二天

"空降"，并通过她未曾转变的思维方式来影响整个群体。四位组织者都不愿意制造冲突，担心这样做会惹恼一位重要的领导人，所以拒绝了我的建议。他们想让州政府领导人自己来决定。最后，一名资深女性听取了我的意见，并告知这位领导人：欢迎您同时参加这两场聚会，或一场也不参加。最后，这位领导人未出席任何一场聚会。经过一整晚有意义的私人对话后，这个群体所发生的转变是有目共睹的。领导人明白了为什么让一个不了解情况的成员直接加入第二天的会议将会给会议造成干扰。

还有一次，我在布鲁克林的一个天台上参加乔迁派对。晚餐后聚会进入了一个平静期，大家都在漫无目的地闲逛，犹豫是该离开还是留下。我察觉到这一现象，建议主人玩一款狼人杀游戏。这是一款充满活力又激烈的团队游戏，不但可以团结团队，还能够挽救渐欲萎靡的派对气氛，为夜晚增添情趣。(《狼人杀》，也叫《黑手党》，是一款心理团体游戏，由莫斯科国立大学心理学系的老师德米特里·戴维洛在冷战期间发明，后来风靡欧洲和美国，并在深夜技术会议上大受欢迎。)派对的主人很想玩这款游戏，好让大家能有一个焦点。她环顾四周，发现一些客人很热切，而有一小部分客人的脸上则面露疑色。这些少数人的怀疑态度威慑到了她，因此她放弃了这个想法，不愿意利用自己作为主人的权力来说服他们。毕竟，无所作为的风险更低。那一阵热度过去了，人们分成了更小的群体，而我们也失去了群聚效应。第二天她给我发短信说，我们真应该玩那场游戏。

一位我认识的记者不辞辛劳地召集了十几位同行，参加他们作为外国记者的十周年聚会。人们纷纷从各地来到纽约市的一家韩国餐馆参加晚宴。那位记者曾经接受过我的建议，因此自发地决定在当晚的某个时候打断大家的私人谈话，邀请每个人回顾那段身处异国的时光，以及这段时光对他们的意义。但在最后一刻，他放弃了，因为担心这个想法太霸道或太严肃，或两者兼而有之。

在 21 世纪的文化中，有一种占主导地位的趋势正在悄悄地潜入我们的聚会：冷漠。渴望做东道主，又不愿意让人觉得自己有入侵性。

"冷漠"指的是放松和低调，最好不要在意，最好不要小题大做。用阿拉娜·梅塞（Alana Massey）的文章《抵抗冷漠》（*Against Chill*）中的话说，这是一种"优哉游哉的态度，不会显得神经质"。它"按照合理的期待主持葬礼"，它"索取而从不给予"。

让我直言不讳地说出我的观点：在主持聚会时，冷漠是一种可悲的态度。

在这一章中，我想要说服你们去行使你作为主人应有的权力。这并不意味着只有一种主持方式，或者一种力量来影响你的聚会。但我确实认为，举办聚会不可避免地要行使一种权力。很多组织聚会的主人常常想要放弃行使这种权力，他们觉得这样做会让客人感到自由。但这种"逊位"往往会适得其反，让客人感到失望，而不是为他们服务。冷漠地主持聚会常常是因为主人试图摆脱主持的负担。在聚会上，当客人选择进入你的"王国"时，他们希望被温和地、尊敬地、妥善地"统治"着。当你无法"统治"时，你希望他们能更多地看到这场聚会是为他们而办的，而你对此是多么的渴望。在冷漠中，你关心的是你得伪装成关心他们的样子。

冷漠的问题

在冷漠式招待的伦理背后，存在一个简单的谬论：主人认为不打扰客人就意味着让客人独处，而事实上，客人会彼此相处。我服务过的很多主人似乎都认为，拒绝在聚会上施加任何权力就等于创造了一种没有权力的聚会。但他们万万没有想到，这种退却非但没有消除权力，反而创造了一个让其他人有机可乘的空间。这些人很可能会以一种与聚会目的不一致的方式来行使权力，并凌驾于那些自愿服从主人的客人之上，而这些客人绝对不是自愿服从你那位酩酊大醉的舅舅的。

一个让客人自娱自乐，想和谁聊天就和谁聊天的主人，难道不是最慷慨的主人吗？对于这种观点我持反对意见，我所见过的最具戏剧性和说服力的反证之一就发生在一间教室里。

罗纳德·海菲兹（Ronald Heifetz）是哈佛大学肯尼迪学院的著名教授，也是领导力领域的权威。在他开设适应性领导课程的第一天，他以一种非常奇特的方式作为开场。他没有径直地走进教室开始点名或者讲课，而是坐在教室前面的黑色转椅上，面无表情、略显无聊地盯着地面，对面坐着几十个学生。他没有欢迎任何人，不清嗓子，也没有一个助手对他进行介绍。他只是静静地坐在那里，发着呆，一动也不动。

学生满怀期待地坐着，等待着。正式上课的时间一分一秒地过去了，海菲兹却继续坐在那里，一言不发。沉默变得越来越沉重，越来越令人不安。他什么也不做，他在放弃对课堂的掌控，拒绝扮演教授这个课堂主人的角色。考虑到他所研究的学术领域，想必他一定是出于某种学生还无法领会的原因才这样做的。

你可以感觉到大家的紧张情绪在一分一秒地加重。一个人笑了，有人咳嗽了一下。学生普遍有一种说不出的困惑，他们迷失了方向。当这个课堂的传统权威不再发挥作用时，他就等于移除了课堂的"护栏"，让学生不得不自己走上一条"危险"的道路。

终于有人开口了（这是我记得最清楚的）："我想这就是课程内容吧？"

就这样，一场爆米花似的谈话在大约100个陌生人中间爆发了，开始时缓慢而慎重，然后逐渐升温：

"他打算就这样坐在那儿吗？"

"我可没有一整天的时间。"

"不，我认为这就是重点。"

"那我们该怎么办？"

"嘘……也许他已经准备好发言了。"

"别让我闭嘴。我有说话的权利。"

没有教授控制课堂秩序，学生必须互相应付。严格来讲，他们中的任何一个人都可以自由发言（或大喊、跳舞、大笑，或试图控制局面），没有人会阻止他们，但是有一些潜规则阻止他们这么做。甚至当这些规则在接受考验时，就像海菲兹那样，事不关己，高高挂起，每个学生都不知道其他人会有什么反应。他们中是否有一个人足够强大、足够有魅力，或者足够有逻辑来说服其他人该如何利用时间，或者让这堂课演化成无休止的争论？

热火朝天的谈话似乎没完没了，但实际上只持续了五分钟。最后让每个人都松了一口气的是，海菲兹终于抬头看着全班同学说："欢迎来到适应性领导课。"

海菲兹在干什么？开设一门关于领导力的课程，却向学生展示当你放弃领导力时会发生什么。你无法根除权力，当你放弃行使权力时只会把施展权力的机会拱手让人。在这个例子中，海菲兹就是把权力交给了学生。海菲兹不是在放这些学生一马，或让他们获得自由，而是给他们带去困惑和焦虑。

权威是一种持续的承诺

有时，我的客户和朋友也会同意肩负起作为主人的责任。但本性使然，他们往往只在聚会刚开始不久这样做，也许是对聚会议程做一个概述，或是引导一场关于群体规范的讨论，或是讲一遍团队游戏的规则。对他们而言，他们"主持"的工作就算完成了，他们终于可以佯装成客人了。

在聚会中尽早地利用一次你的权威，就好比在生命中尽早地锻炼一次你的身体一样，这都是毫无意义的。仅仅设定一个聚会的目的、方向和基本规则是不够的，所有这些都需要你在整个聚会过程中切实执行，否则其他人就会乘虚而入，执行他们自己的目的、方向和基本规则。

在我曾经参加过的一场晚宴上，晚宴的主人就有着极为明确的目的。

她让十几位客人围着桌子坐下，建议我们通过猜测对方的职业来了解彼此。她曾在另一个聚会上见过这个游戏，觉得非常有趣。她解释了游戏的规则：对着某一位宾客，桌子上的每个人都可以轮流猜一次他的工作（除非你认识这个人），然后由这位宾客说出自己的职业是什么。我们很快沉浸到了游戏中，对那个试图保持面无表情的人进行了很多相当有趣的猜测。

有了游戏这样一个良好的开端，客人似乎在彼此身上找到了安慰和欢乐，于是主人就起身去准备晚餐。她一定觉得自己的工作已经完成了，其实她的聚会已经进入了"自动驾驶"模式。她并没有抛弃我们，毕竟她离桌子只有十步左右的距离。即便如此，这样的距离却在心理上让她与大家变得遥远，因此也引发了一系列的问题。因为她现在正专注于其他的事情，而且只是漫不经心地在和我们玩游戏，其中一位客人开始喧宾夺主。也许他感受到了这种权力的真空，也许是他一贯的风格使然，他对每个人都做了多次猜测，而不是规定的一次。当他的违规行为并没有得到制止时，甚至在客人揭晓自己的职业后，他还向他们提出了更多的问题。

主人的退位为一个觊觎"王位"的人腾出了空间。就因为这个冒牌的权力行使者，我们仅仅在前两个人身上就花了40分钟。这是完全不可持续的速度，而且无聊得很。可问题在于除了主人外，没有人研究过这个游戏或游戏规则，甚至没有人曾经听说过这个游戏。当主人启动了游戏然后离开时，场面上没有人会去执行简洁和平等的游戏规则或规范，从而使游戏能顺利地进行下去。但总有些人愿意强制执行某些东西。在这个例子中，一位客人愿意强制执行自己的想法，而其他客人则可以得益于犹豫不决，让他来主导一切。他错了。

这位男士对他人随意的压迫完美地体现了政治哲学家以赛亚·柏林（Isaiah Berlin）曾说过的话："狼的自由往往意味着羊的死亡。"

主人没有履行他们的权威，没有把权威作为一项持续的承诺来执行，常常会导致一个结果：许多客人会生气。在这个例子中，一些客人建议大家停止游戏，纯粹地聊聊天就好，但不会直言不讳地攻击这位男士或这个游戏。这是一个很好的建议，但也有其他客人正确地指出这种做法的不公平性，因为大家已经熟悉了其中一些人，其余的人却没有得到这个机会。甚至主人在重新坐下之后，仍然保持着低调的态度。我们在这个游戏上花了一整夜的时间，客人满腹牢骚。牢骚是客人的首选武器，因为他们觉得主人管理不善，自己不受保护。

所以请记住，如果你要强迫人们以一种特定的方式聚集在一起，请执行你的权威，并在权威被他人滥用时，及时拯救你的客人。

在下次主持聚会时，如果你感到想要放弃，哪怕是一点点，请仔细审视一下自己的冲动。是什么迫使你放弃权威？如果是因为后勤事务（比如需要加热食物或者需要出去打电话），你会发现人们更乐意被指派为临时"主人"，也不愿意被你的某个朋友压制一整个晚上。但这其中往往有更深层次的原因在起作用：你说服自己相信妥协就是一种慷慨。

主人不仅仅会在一场有陌生人的晚宴上放弃自己的权力。我曾经为一家公司提供过咨询服务，这家公司正因为对慷慨的误解而被季度高管会议折磨得焦头烂额。在没有经过任何人的明确同意下，3个小时的会议变成了7个小时的马拉松。虽然有事先制定好的议程，但高管们一旦开起会来，议程就会被抛诸脑后。会议被转移到一些人一时兴起的话题上，而其余的人则没有足够的激情和动力去抗议。

从表面上看，这些会议应该由一位高管来主持，但问题是，整个公司都建立在平等的核心价值观之上。这位主管会在大多数会议开始时先宣读一下议程，然后就像晚宴的主人一样，让会议进入"自动驾驶"模式，希冀一切问题都能迎刃而解。虽然会议在一开始会切合话题，但不可避免的是，某位高管会有一个他想要讨论的迫切问题。为了表现对这位高管的尊重，会议的主持人不会强制执行议程安排。其他人也不会这样做，因为他们认为如果大家是"平等的"，他们就不能这样做。一个季度接着一个季度，大家在离开会场时都很沮丧，因为几乎没有做出任何实质性的决定，也没有推进任何议程。尽管会议的主持人会告诉自己，他是在以一种平等的方式主导这场会议，但他也是在自我保护。他的基本信念是，在当前的形势下，即使整个群体的处境因此而变得更糟，但是控制那些反应更为激烈的同事对他而言并无益处。由于权威执行存在真空，会议被非正式的权威，如在公司的任期、职业成功、人格力量等所主导。

你的放任政策真的像你想象的那样帮助了你的客人吗？你的无议程会议对年轻的分析师有帮助吗？在资深专家的讨论中，她是否有机会贡献一些自己提前准备的素材呢？如果没有让客人轮流发言的游戏规则，你所谓的"和任何你想聊天的人聊天"的方法帮助那位沉默寡言的客人畅所欲言了吗？在教师会议上，开放式座位真的有利于那三位新老师吗？可是他们为什么每次都还是挤在一起，坐在桌子的尽头呢？

为了让聚会变得更出色，你必须正确认识主人的权力，因为权力是必要和有益的。如果你要不断组织聚会，那就要好好聚会。如果你要主持聚会，那就好好地主持。如果你要建立一小时或一天的"王国"，那么去"统治"它吧，慷慨地去"统治"它吧。

慷慨的权威的奇迹

在这一点上，你可能会产生疑惑：如果要统治我的聚会，我应该是一位什么样的统治者呢？

能让他人获益的聚会是由"慷慨的权威"来统治的。建立在慷慨的权威之上的聚会由一只强有力而自信的手掌控着，并为了他人而无私地统治着。慷慨的权威是服务于客人的，使他们避免海菲兹刻意强加给学生的混乱和焦虑，也使他们不受其他喧宾夺主的客人的支配。慷慨的权威能抵御威胁聚会目的的冒牌者。有时，为了让客人在聚会上有最好的体验，慷慨的权威要求你必须愿意冒着被讨厌的风险。

在实践中，慷慨的权威究竟是什么样的呢？

理查德·索尔·沃曼（Richard Saul Wurman）是 TED 大会的创始人。他拿着一把剪刀，走上加利福尼亚州蒙特雷的舞台，径直走向尼古拉斯·尼葛洛庞帝（Nicholas Negroponte）。尼葛洛庞帝是麻省理工学院媒体实验室的创始人、一名演讲者、一位挚友和 TED 大会长期参与者。尽管尼葛洛庞帝熟悉大会的规范，但当天他违反了大会关于禁止系领带的规定。为了顾全大局并维护大会的价值，慷慨的权威迫使沃曼在尼葛洛庞帝开始演讲之前就径直向他走去，并戏剧性地把他的领带一剪为二。他就是这样做的。

慷慨的权威就是喜剧演员艾米·舒默（Amy Schumer）在一档喜剧节目中直面质问者的勇气。质问者是冒牌权威的完美例子，他们时刻准备着在主持人表现出任何软弱之处时接过统治的权棒。有人在观众席中大喊："你的靴子是哪儿来的？"舒默狠狠地回击了那个质问者："在一个叫'你买不起也别和我说话'的地方。"她的回应很幽默，但她也在暗中利用自己的权力，以防止质问者毁了别人的表演。

慷慨的权威就是黛西·美第奇（Daisy Medici）在一个富裕家庭开会时，平衡谁可以发言以做出决定和计划时的努力。美第奇是一位财务顾问（对财务顾问来说，这是一个很好的名字），当有钱人家的家长召集他们的大家庭进行艰难的谈话时，他会从旁协助。美第奇意识到儿媳和女婿往往会保持沉默，顺从家人的意见，而长辈往往会无视他们的成年子女，即使这些子女才是承受一切后果的人，比如卖掉家族企业或捐款。

慷慨的权威不是故作姿态，更不是权力的表象，它是利用权力来获得慷慨而无私的果实，这种慷慨证明了这种权威是正当的。当我告诉你要用慷慨的权威主持时，我不是要让你盛气凌人，而是希望你能找到内心的勇气，敢于为了实现三大目标而执行你的权威。

保护你的客人

权威的首要（也许也是最重要的）作用是保护你的客人。你需要保护你的客人远离彼此、远离无聊、远离那些令人上瘾的囊中把戏。对别人说"不"往往让我们感到难堪，但当我们明白这样做是为了保护谁、保护什么时，"不"字便不再那么难以启齿了。

为此我们可以向阿拉莫电影院（Alamo Drafthouse）学习。这是一家成立于得克萨斯州奥斯汀的连锁电影院，目前在好几个城市设有分店。有多少次你在电影院想要好好欣赏一部电影，奈何身后的一两排人却在窃窃私语？或者你旁边的人掏出手机，发出比大屏幕还刺眼的白光？你究竟要忍到多么不可理喻的程度才肯站出来？也许你站出来后，一场激烈的冲突会爆发，并毁掉更多人的观影体验。

阿拉莫电影院的与众不同在于，除了宽敞的座位和演出间隙的餐饮服务外，它还尽显慷慨的权威。像许多聚会的主人一样，大多数电影院非常在意主客关系，却忽略了观众的内部关系，即客人之间的关系，阿拉莫电影院没有犯这样的错误。它似乎已经意识到，其他电影院把执法者的角色交给了他们的顾客，而掏了钱的顾客本不应该承担这种角色。所以当你在阿拉莫电影院看电影时会看到一则通知，提示你不要在放映期间发短信或说话。虽然许多电影院都有这样的规定，阿拉莫电影院却把这条规定执行得更彻底：如果你违规了，你将会得到工作人员的一次警告；如果再犯一次，你将"被驱逐"。如果你作为一名顾客，发现另一名顾客违反了规则，你只需把你的"点菜卡"放在桌上，余下的事情交给电影院处理即可。（顾客向服务员点餐也是在同一张卡上进行的，这样便很好地保护了告密者的匿名性。）作为执法者的服务员将履行诺言。关于这一点，我可以证明他们确实是尽职尽责的。

当有一位顾客就因为发短信而被赶出了电影院时，她在电影院的留言机上留下了一条愤怒的语音信息："我在奥斯汀的所有其他电影院都发过短信，从来没有谁在乎过。很明显，你们对我所做的是浑蛋行为。"她不停地指责和抱怨，最后说道："我很确定，你们的这种浑蛋行为是刻意的。谢谢你们让我感觉像个顾客！谢谢你们收了我的钱，浑蛋！"

　　对其慷慨的权威充满自信的阿拉莫电影院将这一条语音信息公之于众，甚至将这条语音信息改编成了广告，结束语是："发短信的人啊，感谢你没有再来阿拉莫！"这则广告迅速走红。该公司的首席执行官蒂姆·利格尔（Tim League）解释了公司的政策及其严格的执行规则："在阿拉莫电影院时，你只是观影席上许许多多观众中的一个。当灯光暗下来，影片开始放映，房间里的每个影迷都希望沉浸和迷失在屏幕上闪烁的画面中。而手机发出的光、一个哭闹的婴儿或者一个爱搞破坏的捣乱少年，都会让人们从电影的魔力中跳脱出来。我们在20世纪90年代中期开设了第一家阿拉莫电影院，就是为了给真正的影迷提供一种至享体验，而这也是我们时至今日依然守护的理念。"

　　阿拉莫电影院与其他影院的不同之处，不是那条禁止说话和发短信的规定，而是它承诺以一种具体的方式来执行这些政策，同时电影院的员工也能忠实地执行这些政策。阿拉莫电影院愿意承受客人的愤怒，它的员工愿意利用他们的权威来保护其他客人和聚会的更大目的。恰恰与那位发短信的观众在语音信息里的咆哮痛骂相反，阿拉莫电影院并不是"故意要做个浑蛋"，而是为了保护聚会的目的：欣赏电影。

　　现在，阿拉莫电影院已经开始了另一个项目，叫"我为人人的阿拉莫"（Alamo for All）。项目完全取消了关于噪声和手机的规定，允许人们在观影期间随意走动。电影院打造这种观影体验是为了达到一个不同的目的：为儿童（包括哭闹的婴儿）和有特殊需要的客人创造一个完全包容的、可接近的电影院。因为阿拉莫电影院知道，观众的这两种需求存在尖锐的矛盾，因而为他们打造了两种独立的聚会，以服务于两种不同的目的：一种是为了保护客人不受噪声的干扰；另一种是为了保护客人不被排斥，不让客人感到不可接近。

　　用这种方式保护你的客人是很有挑战性的，因为被打扰者的愤怒是集中的，而被保护者的感激之情却是分散的。任何一个曾经主持过座谈会这种最可悲的聚会形式的人都对此深有体会。但是，像CNN政治评论员、多任美国总统的参谋大卫·格根（David Gergen）这样极富才华的主持人，已经习惯了为团队主持座谈会的角色，而团队成员甚至没有意识到他为他们做了什么。当格根主持一个座谈会并进入问答环节时，他通常会告诉听众："如果希望提问，请表明自己的身份，尽量简明扼要，并记住问题就是问题，是以问号结尾的。"如果听众免不了开始长篇大论，格根会在必要时反复打断："你能将这些陈述总结为一个问题吗？……你能把这些陈述总结为一个问题吗？所以你的问题是什么？"在某些人眼里，他的做法很不近人情，但事实上他是在保护那些渴望或花钱来听国家元首、著名作家或政治活动人士讲话的观众，而不是围观群众。

保护你的客人，就是当人们没有考虑到整个群体的利益或体验时，预测并遏制他们的这种倾向。在座谈会中提问的人通常意识不到自己其实是在做陈述，而不是在提问，这看起来也许很奇怪。如果能听到自己的谈话，那么在鸡尾酒会上不停地自吹自擂的人可能就会收敛不少。人们并不想成为聚会上的毒瘤，但不良行为免不了会发生。作为主人，你有责任以友好、礼貌且坚定的方式阻止它。

几年前，伊丽莎白·斯图尔特（Elizabeth Stewart）就意识到她别无选择，必须采取必要措施。她是洛杉矶影响力工厂（Impact Hub Los Angeles）的创会理事。该组织既是商业孵化器，又是一个社区中心。尽管这个组织关注的是企业的成长和企业家的培养，但斯图尔特知道"我们必须提防渗透在共享办公空间内的交易关系"。她还表示："我们必须通过制定基本规则和建立规范来做到与众不同。"因此斯图尔特在工厂的会员手册中加了一条规则：只有在他人寻求帮助或询问其业务时，会员才能讨论其"所售之物"。她是在保护她的"客人"不被仅仅视为潜在客户或投资者，同时保护聚会不沦落成一场交易。她说："最首要的是让大家先以人的身份互相了解，然后再分享自己的想法，这就是这条规则的出处。我们希望创造一种对询问和邀请都很敏感的文化。"

保护你的客人并不仅仅意味着需要大声打断他们或制定严苛的规则，

还可以通过聚会中一些微小的、几乎不被人察觉的干预来实现：将一个忍受冗长的单方面对话的客人从聚会的角落里解救出来；用一个笑话浇灭一名员工跋扈的气焰；要求某人停止发短信。

简而言之，保护你的客人，就是要行使提高集体体验的权利和地位，使之优先于任何人能破坏这种体验的权利。即使有些冒险，你也要敢于扮黑脸。这是一种慷慨的气度，正如阿拉莫电影院一样，客人能够做到"事不关己，高高挂起"是因为你的挺身而出。

使客人平等

主人权威的另一个重要职能是暂时使客人平等。从销售副总裁到召开家长会的老师，在几乎所有的聚会中，多多少少都存在一些等级或地位上的差异，无论是想象的还是现实的。让客人暂时放下他们的头衔和学位，对大多数聚会都有裨益。而为客人虚妄的外衣服务的"存衣官"是你，如果你不把虚妄的外衣挂起来，没有人会为此负责。

托马斯·杰斐逊（Thomas Jefferson）就很明白这一点。在他看来，美国对抗世袭等级制度和欧洲其他陷阱是一场大胆的赌博。他明智地认识到，这种平等的理想不应只停留于一种抽象的概念上，还应该决定他和其他美国领导人的生活方式，以及决定他们组织聚会的方式。杰斐逊认为一个新的共和国需要新的礼仪。

对杰斐逊而言，其中一个新领域就是将晚宴客人郑重地安排在特定位置上。在欧洲社会，晚宴是一种非常正式的仪式。人们，尤其是官场上的外交官，都是按等级就座的。杰斐逊摆脱了这一传统并宣布："在公共仪式上，政府邀请的外国公使及其家属，将和受邀的其他陌生人士和本国部长的家人一起，按照到达的先后顺序获得方便的座位或位置，不分优先次序。"安排大家"胡乱"就座冒犯了一些享受社会地位利益的人，包括英国大臣安东尼·梅里（Anthony Merry）。梅里和他"高大而同样被冒犯的妻子"，以及另一位外交官都退出了华盛顿官方社交圈。根据《托马斯·杰斐逊百科全书》（*The Thomas Jefferson Encyclopedia*）记载，"随之而来的社会风暴如乌云般逼近了美国的内政外交，但杰斐逊矢志不渝地坚守着'胡乱'原则：'当人们聚集在一起时，人皆平等，无论是本国人还是外国人，有头衔与否，也无关执政党还是在野党。'"他希望他的聚会能反映这种精神思潮。（很遗憾，这种思潮显然未能惠及他的奴隶。）

两个多世纪后，另一位美国总统以他的方式寻求人权平等，动摇传统的权力结构。同样地，他也惹怒了一些人，招致了一些嘲讽。美国总统贝拉克·奥巴马注意到，男性在公共问答场合举手和被点名的可能性要比女性高得多。于是他开始了一项实验。无论是在本尼迪克特学院（Benedict College）为学生演讲，还是在伊利诺伊州的一家生产工厂对工人讲话，抑或面对自己的采访团，他都会坚持以"男性—女性—男性—女性"的顺序回答问题。如果在轮到女性提问时没有女性站出来提问，奥巴马会一直等下去，直到有女性站出来为止。

你不必成为自由世界的领袖来使你的客人获得平等。你只需要细心观察聚会上的权势动态，并愿意采取一些措施，就像"机会合作会议"（opportunity collaboration）的创始人那样。

机会合作会议于 2009 年在墨西哥伊斯塔帕召开，旨在召集"致力于制订可持续扶贫方案"的领导人。从一开始，东道主就知道他们在反贫困领域面临着一股强大的力量：简而言之，与切实实施扶贫项目的受赠人相比，掌握资金、决定资金使用方式和去向的组织拥有更大的权力。组织者认为这种情况阻碍了扶贫工作的展开。正如会议的首席执行官托弗·威尔金斯（Topher Wilkins）向我解释的那样："当我参加一个传统的会议时，那感觉就像指甲在黑板上划过一样令人不适。"他补充说，"我认为这些会议的弊大于利。它们在不断强化同一套等级制度，决定了经济发展的方式。如果要解决这些问题，我们就需要打破这种结构。"

　　威尔金斯和他的团队开始设计一种聚会方式，能平衡捐赠者和受赠人之间的等级关系，而不是强化这种关系。他们邀请了 350 人一起在墨西哥度过一周的时间，并不遗余力地将平等而非等级制度融入聚会中。他们采用名字大写、姓氏小写的名牌，而且不允许显示组织机构的名称。他们以一个 3 个小时的全员大会作为开端，让与会者有机会"认清我们社区的本质"，并"开诚布公地讨论阻碍我们合作的问题"。人们把握住机会，毫不避讳地对彼此、对权力吐露真言。受赠者说："我每次去找捐赠者的时候，就像去看妇科医生一样。你必须将一切都毫无保留地展示给他们！"捐赠者回应说："我了解了，这真的很可怕。对我来说这也很困难，因为我必须做出改变人们生活的决定，而这其中牵涉很多的责任和压力。"组织者甚至让大家互换身份进行角色扮演，要演出对方的委屈和不满，以培养大家的同理心。

　　机会合作会议有一个更大的目标：通过帮助扶贫斗士做好更充分的准备来解决贫困问题。组织者认为，更高的效率来自更深层次的开放与合作，而最重要的是更完善的平等。因此，在挑选了场地和嘉宾之后，这些组织者知道，他们需要彰显自己作为东道主的权力，使宾客获得平等。如果他们能让那些与贫困做斗争的人们站在平等的立场上，民主而不是封建般地相互倾听，或许他们就能开始改变这个领域的整体运作方式。

　　集会的这种民主化不仅仅适用于总统出席的场合和扶贫会议，聚会和其他社交活动往往最受益于有一些独断的平等。正是因为作家杜鲁门·卡波特（Truman Capote）明白这一点，他才能够让自己的黑白舞会如此引人注目。

　　1966 年 11 月 28 日，也就是感恩节后的那个星期一，卡波特邀请了540 名"最亲密的朋友"到纽约广场酒店参加一场化装舞会。这次舞会与这个城市交际圈所见过的任何聚会都不一样。不是因为它的奢华（舞会开始时间是晚上 10 点，而意大利面和炸土豆条会在午夜供应），甚至也不是因为舞会举办的场地，而是因为参与者的身份和舞会的着装要求。

卡波特邀请了公主、政治家、好莱坞明星和作家。聚会是为了向凯瑟琳·格雷厄姆（Katharine Graham）致敬，这本身就是一个不同寻常的举动，因为她刚刚沦为寡妇。尽管在《华盛顿邮报》最具影响力的几十年里，她连续执掌该报 20 年之久，但当时她并不太为人所知。卡波特（他的畅销书《冷血》（Cold Blood）在那时刚刚出版）邀请了斋浦尔的马哈拉尼（Maharani）和意大利公主卢西亚娜·皮格拉特利（Luciana Pignatelli），以及曾经在他为这本书做调研时接待了他的那个来自堪萨斯花园城的中产阶级家庭。除了将这些来自不同世界的人聚集在一起外，他还要求所有人都戴上面具。

"邀请这些非常有名的人参加一个派对，然后要求他们隐藏自己的面孔，这是一种极其民主的想法。"研究这场舞会的作家黛博拉·戴维斯（Deborah Davis）说。

对热爱派对的卡波特来说，面具的作用是一种有意的颠覆行为。当名人蜂拥而至时，遮住他们的脸，哪怕只是一点点，就能创造出一种在他们的社交圈子里几乎不存在的平等。（他甚至为那些"忘记"戴面具的客人准备了价值三角九分钱的面具，就像阿拉莫电影院一样。）《纽约时报》在次月获得了本次舞会的宾客名单，而所有这些人同处一室的象征意义，动摇了人们对哪些人可以交融以及如何产生交集的观念。

让客人彼此联结

慷慨的权威的第三个用途是让你的客人彼此连接。衡量一次成功聚会的标准之一是在聚会开始时，主人与客人之间的连接多于客人之间的连接，而在结束时，情况有所反转，客人与客人之间的连接增多。

就像保护和平等一样，理论上没有人会反对客人之间的连接。谁不希望他们的客人在聚会结束时互相了解呢？但问题是，你是否愿意运用你的权威，去冒险建立这些连接。你是否愿意冒着看起来像个傻瓜，或者太过火，甚至让人讨厌的风险，来实现你声称你所相信的连接？

我曾在一个劳教农场协助一个为期一天的会议，主题是草饲牛肉的未来。组织者召集了大约 120 位来自草饲牛肉生态系统各个领域的人士。当时，草饲牛肉只占美国牛肉销量的很小一部分，组织者邀请了那些希望提高这一比例的人来参加这次会议。房间里有农场主、农民、投资者、食品连锁店和熟食店的牛肉消费者、厨师和消费者权益倡导者，他们并不都认识彼此，甚至连参会原因都可能大相径庭。

组织者安排了一整天的座谈、演讲和行业动态报告，但我们知道，想让他们将自己视为一个群体，关键因素之一是建立他们的社区意识。我们希望在一天结束后，他们能拿起电话，和在座的其他人取得联系。因此我给自己定了一个目标，要想方设法为每位参与者提供一次机会与至少 3/4 的客人进行有意义的小组对话。我能想到的唯一方法就是让他们在每位演讲者发言完毕后，换到另一张桌子上。这是一件麻烦事儿，因为人们往往不愿意收拾东西挪地方。

尽管如此，我们还是决定这样做。在每次演讲结束后的休息时间，我都会提醒他们：如果你不知道谁是其中的参与者，你就无法发起一场运动，所以每个人都必须换到不同的桌子上。换位子以后，他们将有机会向新朋友介绍自己，并回答一个与当天或前一位演讲者有关的问题。为了实现连接群体的大目标，我不得不面对一些牢骚，比如搬东西和无法与朋友聊天。我必须把自己定位为他们"未来自我"的代表：庆幸遇见新朋友，惊讶自己能和与自己不同的人产生新的连接，并积极地对抗现时自我的需求。

在一天结束时，聚会没有一丝抱怨的气氛，而是充满了雀跃和欣喜。一些参与者主动告诉我说，他们从来没有如此迅速地与那么多新朋友建立如此紧密的连接。我们已经吸收了大量关于草料牛肉的产业信息，而且并没有死板地为了完成议程而牺牲彼此之间的连接。我们坚信鱼和熊掌可以兼得，我们做到了。

　　这个故事的寓意在于，这种连接并不是自然而然发生的，你必须根据你想要建立的连接来设计聚会。同样地，它也不需要很复杂。我曾经听说过一对夫妇以一种巧妙的方式，在婚礼的宾客之间撒下了连接的种子。在接待处的入口，他们给每位客人留下了一个提示，让他们寻找另一位与他们有着共同兴趣的特定客人。例如，找到另一位滑雪者爱好者，他也曾辞去管理咨询的工作，成为一名滑雪教练。这对夫妇知道，如果没有这样的要求，相互认识的朋友和家人就会彼此抱团，从而待在自己的小圈子内。

　　事实上，目的性很强的聚会组织者会鼓励宾客在活动之前就建立起彼此之间的连接。目前负责 TED 的克里斯·安德森（Chris Anderson）最近开创了一项新传统。在温哥华举办大型会议的几周前，他为驻扎在纽约的演讲者举办了一场晚宴。这些演讲者都在为"人生对话"的主题做最后的赶稿或背诵演讲稿。在晚宴前，这些演讲者都只与安德森或他的一位同事有过单独的联系。晚宴后，他们彼此产生了连接，成为一个群体，能够在偶尔令人生畏的会议大厅中自如穿行。一个折磨人的、令人生畏的过程变得不那么可怕，聚会变得更加亲密。在会议结束后，这群演讲者仍然每个月到彼此的家中聚会，因为他们在彼此身上发现了如此亲密的关系。

半德国半埃及的权威

　　在上文中，我鼓励你们执行主人的权威，而且这样做不是为了自高自大，而是为了保护和连接你们的客人。现在我想谈谈我最欣赏的慷慨的权威的榜样之一：诺拉·阿布斯蒂特（Nora Abousteit）。

　　阿布斯蒂特是一位住在纽约的企业家，出生在德国的一个小镇上，母亲是德国人，父亲是埃及人（那个开学生酒吧的老板）。她用自己的职业生涯为手工艺人打造了一个又一个社区，让他们隔三岔五就在工作和生活中聚会。

　　你可以说她是一个极端的聚会组织者。她主持和参加过的聚会比我认识的大多数人都要多，而她的主持风格则更慷慨和认真。对阿布斯蒂特来说，一年举办几次 40 人的晚宴再平常不过了。她穿梭于各地，为各种会议联合举办大型的会前晚宴。对那些周六碰巧在城里的人，她会定期举办早午餐。她的家实行"门户开放"政策，接待朋友的朋友，即使他们从未谋面，也让他们在异乡旅行时有一种暂时的归属感。她是慷慨的权威的化身——保护、平等对待、连接。

利用她的权威，阿布斯蒂特会以各种方式保护她的客人。在正式的晚宴上，她会通知客人不能迟到。"人们需要一起活跃起来。"她告诉我说，"到了一定时间，现场会产生一种特别的能量，这是一种集体体验。"阿布斯蒂特明白，让客人想什么时候来就什么时候来，并不是在保护那些按时到场的人。本着同样的精神，如果两个朋友只窝在一个角落里叙旧，而忽略了群体中的其他人，阿布斯蒂特会毫不犹豫地告诉他们："请你们私下叙旧。"她是在保护那些没有机会在晚宴上和好友叙旧的人，以及那些需要和陌生人交谈才能享受美好时光的人。

她使众人平等，对每个人都一视同仁。在她主持的一次晚宴上，她在接近尾声时建议 40 位客人绕着桌子每人分享一种当年深深打动他们的文化。她规定每个人只有 60 秒，并无情地执行了这一规定，从而使得众客平等。无论是她的婆婆、丈夫的同事，还是高中好友，只要 60 秒一到，阿布斯蒂特就会提示"时间到"，游戏继续。

阿布斯蒂特把连接宾客视为自己的一种工作。在她主持的一次派对上，当朋友接踵而至地上楼，她喜笑盈腮地站在那儿，热情地迎接每个客人，并告诉他们在这个世界上，她最热爱的事莫过于她所爱的人能彼此相见。因此在晚餐前他们有一个任务：结识两个新朋友。因为她是如此真诚和坦率，并为大家提供了一层"社交掩护"，所以每个人都努力地与新朋友交谈。

将客人连接起来的一个方法是让他们互相照顾。在召集大家坐在不同的桌子旁后，她会给每张桌子上的客人分配角色，这不仅是为了让他们有事可做，也是给他们提供了一个与他人交谈的借口。"水务部长"要确保每个人都有满满一整杯水，"葡萄酒部长"要确保酒不能断。在另一次晚餐上，人们按照宴会的形式坐在陌生人旁边。当大碗的食物被端上来时，她明确地要求客人们"互相招待，不要操心自己的盘子"。她解释说："在埃及，我们总是先互相招待，这样每个人都会得到食物，你根本不用担心自己。"她笑称，当现场需要更多温暖的时候，她会搬出埃及人的那一套，这很有帮助。当现场需要更多秩序的时候，她会露出德国人的那一面，这也卓有成效。那天晚上，客人怀着吃惊又好奇的心情开始端起几碗藜麦沙拉互相招待，每个人都环顾四周，看看他们的晚宴伙伴是否有足够的食物。这个小小的调整改变了现场的动态。客人不再为自己操心，而是放松下来，开始关心他人。她鼓励人们为彼此负责，尽管他们中的许多人才刚刚认识。

阿布斯蒂特明白，慷慨的权威是一种承诺，她必须在整场活动中为客人提供持续的保护、平等对待和连接。正是这种承诺以及它所带来的困惑和抵触，在她一生中最重要的一次聚会上达到了高潮：她的婚礼。

阿布斯蒂特花了好几天研究座位表，设计她认为完美的餐桌布置。那是一些埃及风格的矮桌子，在一个漂亮的封闭式帐篷下面，铺着五颜六色的丝绸桌布。婚礼现场共安排了30张桌子，每张桌子坐6人。这个婚礼的餐桌数量比很多婚礼都要少，因为她更感兴趣的是宾客之间的亲密关系，而不是宾客的数量。新郎是一个大部分时间都在中国工作的美国人，而阿布斯蒂特又是多国混血，所以婚礼上有来自许多不同国家的宾客。她试着把不同又互补的客人安排在一个餐桌上，并将人与人之间的动态关系和餐桌上的潜在对话作为一个整体来考虑。但让她的一些客人失望的是，她遵循了德国传统，让夫妻分坐在不同的桌子上。

当晚，穿着黑白婚纱美若天仙的阿布斯蒂特一度骄傲地走来走去，欣赏着自己的杰作，去每张桌子问候她的客人。她最深切的愿望正在实现：在这群不曾有交集的人群中间，一个部落正在形成。突然她察觉到有些不对劲，她说："我看到一对夫妇，妻子正坐在她丈夫的腿上，告诉他自己有多么想念他。我不明白这张桌子为什么会让人感觉那么不同，但我很容易就能判断，这张桌子的整体能量场已经很低迷了。"令这位客人吃惊和沮丧的是，阿布斯蒂特走了过来，把她押回了原来的桌子。

为什么这位客人的行为会使她如此心烦意乱？"他们在破坏和谐。"阿布斯蒂特解释说，"他们只考虑自己的需求，而不为整个群体考虑。"在一个群体中，如果每个人都考虑其他人的需求，那么每个人的需求最终都会得到满足。但如果你只考虑自己，你就违反了契约。"她接着说，"我真的很难过，因为这对同桌的其他人不公平。"在那一刻，阿布斯蒂特想到的不是离开座位的那位客人，而是被留在座位上的其他客人。显然，她的客人中没有一个人会站起来要求那位客人归位，即使她的离席确实改变了餐桌气氛。

被阿布斯蒂特押回座位的客人感到被羞辱，认为她很专横，但阿布斯蒂特认为这是为了保护留在餐桌上的其他人。在她看来，这顿晚餐只不过是漫长夜晚的一小部分，是夫妻分离的唯一一段短暂时光，也是阿布斯蒂特专门为了帮助客人彼此连接，让众多部落相互融合而有意设计的。

如果你违背了阿布斯蒂特的聚会指令，那并不会是一件令人愉快的事。但我从来没有质疑过她为什么要统治她的聚会，她的出发点永远是为了客人。

我最喜欢的聚会文件之一，是阿布斯蒂特曾经写给一位朋友的电子邮件，在信中阿布斯蒂特提出了在西南偏南大会（South by Southwest Conference）上举办晚宴的建议。从邮件中，我可以清楚地看到她的内心和初衷。

（1）你说了算。主持聚会并不民主，就像设计也不民主一样。良好的聚会结构对聚会大有裨益，就像明智的约束有助于产生好的设计一样。

（2）多介绍大家彼此认识，但要慢慢来。

（3）要慷慨。非常慷慨地提供食物和酒水，慷慨地赞美和介绍。如果你在大家就座之前有一个招待会，请确保有一些零食，保证大家的血糖保持在高水平，客人也会很高兴。

（4）永远要做位置布局。永远！位置顺序必须是男性—女性—男性—女性的次序安排，以此类推。另外，一个人是不是同性恋并不重要。让从事不同职业的人坐在一起，或者确保他们有其他共同点，最好是有共同的激情或其他罕见的东西，或者告诉人们他们有哪些共同之处。

（5）每张桌子上的客人都应该自我介绍，但必须简短。可以介绍姓名、爱好，或者周末做了什么，也可以介绍和聚会有关的事情。

（6）大家可以在甜点时间换位置，但最好有组织地进行：告诉同桌的其他人换另一个座位。

我太喜欢这个清单了，它提炼出了慷慨的权威的精髓。几乎在每条建议中，都包含着两件事：同理心和秩序。

当权威变得吝啬

我敢肯定你参加过很多冷漠的聚会。在会议中，排在你前面的"提问者"剥夺了你提问的机会，因为他的"问题"是一篇洋洋洒洒长达两页的独白，而主持人也没有阻止他。在学校的欢迎野餐会上，没有所谓的开幕仪式，以至于你怀疑自己究竟是在学校野餐，还是仅仅在公园里人挤人。在晚宴上，你不小心打开了身边那个非常健谈的家伙的话匣子。

不过我也敢肯定，你也参加过另一种完全不同的聚会：在这种聚会上，你并不是感到无人照料或被抛弃。恰恰相反，你感到被控制、被指使、被视为理所当然，甚至被捉弄。而这一切显然不是为其他，只是为了主人。吝啬的"无政府主义"，即冷漠，并不是慷慨的权威的唯一敌人。吝啬的权威正是我们接下来要讨论的问题。

如果冷漠的主人的罪恶在于为了自己而对别人不管不顾，那么专横的主人的罪恶就是为了自己而控制别人。吝啬的权威用铁腕政策来管理聚会，并以一种服务于自我的方式来实现其目的。尽管没有固定的规律，但根据我的经验，机构聚会往往偏向于吝啬的权威，官僚主义对"可预见性"的需求已经演化为一种不利于客人的僵化，而最私人的聚会则更容易出现冷漠的问题。即便如此，我既参加过吝啬的无政府主义的机构聚会，也参加过吝啬权威的私人聚会。世事难料啊！

最可能屈服于吝啬的权威的人，是害怕失去控制的人。为了让自己平静下来，我们常常会把事情搞得一团糟，因为我们太想知道事情会如何发展了。在我协助组织的一次聚会上就出现了这种情况，该事件发生在2009年夏天奥巴马政府新成立的社会创新与公众参与办公室（Office of Social Innovation and Civic Participation）正式成立之时。

这个新办公室致力于一种全新的理念：有时候政府的角色不是要直接解决问题，而是要给全国各地寻求解决方案的人担任指挥。该办公室的成立传递了这样一个信息，即奥巴马这位前社区组织者，不只在理论上相信本地解决方案和积极的公民权，而且他正在建立一个机构来负责管理和推广这些想法。

我们想知道，建立这样一个办公室的最佳方式是什么？毕竟这与成立一个财政部的下属机构不同。社会创新与公众参与办公室代表了一种新的价值观和一种关于"好点子从何而来"的新理论，这值得我们以一种不同的方式来启动。我们计划让奥巴马总统和100位社会创新领域的领导人进行互动式对话。这是一场罕见的聚会，各个领域的代表性人物都将齐聚一堂，而且是相聚在白宫中。我们团队的成员建议进行一个实时的、动态的、鱼缸式的对话，每位客人都可以在和总统互动时定时进入和退出对话圈。但是当我们把计划带到公众参与办公室（主管所有面向公众的聚会）时，那里的工作人员否决了每个没有脚本和有风险的聚会元素。

"如果没有脚本，我们永远不知道总统会说什么。"我们被告知。

这次活动最终以传统的形式开展，来宾坐在白宫东厅的教室里听着一场完全照本宣科的演讲。这场活动原本可能推动相关领域向前发展，并充分体现其目的，即通过社区来寻找国家问题的解决方案，结果却变成了一场严肃的自上而下的仪式。组织者的担心造就了这场被过度控制的聚会，他们发挥了自己的权威，但显得如此吝啬。他们没有保护自己的客人，只是保护了自己的工作。他们没有让受邀的领导人互相连接，而是让他们干巴巴地听着总统和其他三位演讲者发言。在组织者看来，潜在的好处（号召一群领袖拥护总统的创新倡议）并不值得他们去冒潜在的风险（总统即席发表一些评论，可能会导致其他问题）。这种风险因素是许多机构聚会将"慷慨"置于权威之外的最大原因之一。

如果胆怯会让聚会组织者变得吝啬，那么目光短浅也会如此。我有一个时尚界的朋友曾经邀请我参加一场盛大的聚会，庆祝一家酒业公司成立250周年。聚会充斥着为一个奢华而难忘的夜晚准备的各种素材，如迎宾鸡尾酒、表演艺术家、红毯、名人亮相、模特侍者、诱人的菜单。可是它很快变成了一场因自私自利而导致的灾难，尽管表面上看它显得非常慷慨。

现场只有一种饮料可供选择：一种用该品牌的烈性酒调制的迎宾鸡尾酒。除了水外，别无他选。在等酒的同时，我们一直被不断催促着移步到主宴会区，因为活动即将开始。就在大家庆幸起码有食物来中和一下酒精时，我们发现必须在听完一席演讲之后才能吃得上饭。这场原定于晚上七点开始的晚宴却到了将近十点才开始供应晚餐。虽然有一位主持人在把控现场，但他只有黔驴之技，他显然只是在按计划行事。客人静静地坐在那里，目不转睛地盯着舞台，既没有吃的，也没有喝的。主持人播放了一段又一段介绍品酒委员会工作的视频，从中我们了解了七代人的家庭成员都为这种酒的传承做出了巨大贡献。

在活动刚开始的时候，很少有人会在活动伊始对这场活动或这个品牌感到愤怒或进行冷嘲热讽。但随着夜色渐深，我开始注意到有的客人把手放在桌子底下发短信，有的客人翻白眼，有的客人假装吞枪自尽，现场开始爆发一场轻微的动乱。观众的体验完全被无视，聚会组织者让我们坐在特定的桌子旁，既无法移动，也不得起身去任何地方，甚至几乎没有机会彼此交谈。聚会组织者把自己的权威发挥得淋漓尽致！他们给我们的回报并不值得我们为之放弃自己的自由。

当食物终于被端出来时，主人是如此在意服务的美感，全然不顾满屋子饥肠辘辘的宾客。每张桌子旁都有一群训练有素的服务员排成一排，端着盘子，然后同时围桌而站，最后一起以法式风格（同时为每位客人端上一道菜）献上菜肴。这是个耗时的流程，而现场有15张桌子。

桌上精美的菜单让我兴奋不已，终于可以享用美食了。对藏红花爱好者来说，会有"藏红花薯片""螃蟹藏红花寿司""扇贝藏红花奶油"以及"藏红花禽肉"，还有"可可三文鱼"和"巧克力杧果派"。当我终于等到翘首以盼的食物时，我惊讶地发现食物的分量只有少得可怜的一点点。而就在大家准备开动时，组织者又责令我们不准吃任何"食物"，必须先让品酒委员会的四名成员上台向我们解释每一道菜肴，并应该配着酒一起享用。他们先用法语进行解说，然后又被翻译成英语。显然，这四个人同时在台上亮相对公司来说很重要。

终于开始用餐了，我在不到五分钟内消灭了所有食物。我环顾四周，看能不能再来一盘，但我的希望落空了。一个原本可以很欢乐的夜晚，沦落成了一场取笑主人的盛会。

到了这个时候我和其他宾客都了解了这次聚会如此沉闷的深层原因：活动的目的是向一小部分人致敬。这是酒业公司的庆典，由酒业公司组织，仅仅为了酒业公司，其他人都只是摆设而已。在这个徒有其表的夜晚，酒业公司没有把我们融入它的故事，我们也感觉不到自己是其中的一部分。

阿布斯蒂特的强制手段与酒业公司的强制手段的区别在于：阿布斯蒂特的权威无关乎她自己。在她的聚会上，强硬手段明显能让聚会变得对客人更有利。她这样做不是为了成为耀眼的明星，而是为了让每个人都有平等的机会成为那颗明星，享受这个夜晚，并在离开的那一刻有所改变。

而酒业公司的组织者却让不知情的客人成为一场拙劣表演的观众。一位客人后来写信问我："我们为什么聚在一起？目的是什么？牵的红线是什么?"他接着说,"酒业公司的组织者忘记了最基本的事情——设计这场活动。这就是促动师的意义所在。"

酒业公司的组织者既没有让客人彼此连接,也没有保护他们不受任何人(包括组织者自己)的伤害。事实上,他们是压迫者,迫使客人不得不自我保护。

如果你想俘获你的客人的心,那么你最好把这事儿做得漂亮些。当主人没能行使权力时,临时冒出的权威可能会令人厌烦,却又难以约束,它来自那些你甚至不知道名字的客人。另外,当主人滥用权力时,客人的愤怒就有了明确的焦点,知道自己该往何处泄愤。

我是如何把晚宴搞砸的

作为主人,你该如何合理地行使自己的权威呢?如何能在不抛弃客人的同时,确保你的权威在为客人服务?你如何平衡二者?或者让我们换一种更个人的方式来问这个问题:在我把晚宴搞砸的那天晚上,我本可以怎么做?

那是我和丈夫为10位客人准备的晚餐,起初主要是为了招待一对夫妇,因为他们经常招待我们。(我知道,这不是一个合格的聚会目的。)我们又额外邀请了6位朋友,有些客人因为工作上的关系互相认识但并不熟悉,其他人则从未谋面。这是一个代际群体,年龄从20多岁到70多岁不等。我的初衷是做一个冷静、自由放任的主人,低调而不唐突。客人一到,我们就热情地把他们请进来,给他们倒饮料,把他们领到客厅,客厅的一张小咖啡桌上放着一些小点心,周围是一圈椅子和一张沙发。

我觉得介绍彼此已经见过的人认识可能会显得有些笨拙或过于精心安排,而我想要为晚餐营造一种轻松的氛围。每个客人在一圈椅子里找到了自己的座位,然后在那里待了一个小时,在小群体里稀稀落落地交谈着。

氛围并不热烈，似乎有些勉强，这让我很惊讶。我原以为这群人会有足够多的共同点来引发轻松的对话。

我开始紧张了。

在我们邀请大家移步至餐桌用餐时，一位客人把我拉到一边说："你能给我们彼此介绍一下吗？都还没有介绍呢。"看吧，为了不强加于人，我反倒让客人不得其所。

我决定改弦更张，主导这次晚餐。我首先热情欢迎了大家并举杯致谢，感谢他们每个人在过去的一年里以不同的方式"为我的家庭带来了明艳的色彩"，然后我试着介绍每位客人。因为毫无准备，我只好即兴发挥。我试图向第一位客人致敬，却适得其反地让她感到尴尬不已。我说了这样的话："因为莎拉紧凑的日程安排，这次聚会的日期用了数月才定下来。"她的脸瞬间红了，而其他人似乎都有些受伤，认为自己原来屈居次位。然后我走了一圈，试着对着每个客人介绍些什么。丢脸的是，我在细节上搞砸了，因此被反复纠正。"他在田纳西州长大。"我硬着头皮说。"应该是佐治亚州。"客人纠正道。我介绍了一些客人的职业，对另一些客人则介绍了他们的个性特点。事情变得如此糟糕，以至于一位客人提醒我说："嘿，你对每个人都介绍了一些工作上的事，除了乔之外。"我变得更加慌张不已，因为我对那个人目前的工作情况并不确定，所以只好请他自己来解释。我用了45分钟来做这些介绍，我的丈夫提示我停下来，但我根本不愿听他的。我不能只介绍一半的客人，然后忽略另一半。最后，我的丈夫不得不让大家一边听我介绍，一边先开始用餐。

在试图纠正错误的过程中，我从无组织状态转变为专横状态，从对客人不利的无政府状态转变为对他们不利的权威状态，因此我两头皆输。我本可以用一些创造性的方法来介绍宾客，比如让人们互相提问，让伴侣互相介绍，让每个人回答一个有趣的问题，但我一样都没做。相反，我在没有任何事先准备的情况下就接手了这个任务。我的介绍方式既没能让客人互相连接，也没能提供小组对话的途径。

那天晚上的剩余时间的活动也是笨拙的，几位客人主导了谈话。我试着改变方向，但我失败的介绍，让我成了惊弓之鸟。我不认为客人在离开时感到彼此之间有特别的连接，因为他们的谈话并没有太多的交集。在吃完甜点后，大家都马上起身准备离开，说他们累了。（如果你的客人在晚上九点就说累了，这可不是好兆头。）第二天早上，我在尴尬和遗憾中醒来。

那天晚上我尝试的两种权威都让我溃不成军。我先让宾客独处，不去打扰他们，然后又很不理智地统治了他们。我还能做得更好吗？

我其实可以在聚会开始之前就提前进入角色。在前一天发给大家的提醒邮件中，我本可以简单地为每个人添加一些有趣的背景信息。他们在闲暇的时候可以阅读这些信息，知道谁会出席。当他们走进家门的时候，我本可以让他们互相联络感情，带着每个人走一圈然后热情地将他们介绍给彼此，说一些关于每个人的溢美之词，就像阿布斯蒂特的清单所建议的那样。

在餐桌上，如果我要对每个人进行介绍，我应该做好更充分的准备，让我的评价变得温暖和有趣。而在介绍宾客时更重要的是准确性，为每个人提供平等的待遇。我可以发掘每个人身上的一个美好且不为人知的细节。或者我也可以在饭前问一个问题，把大家的注意力凝聚起来，比如，"你对自己在未来一年内有什么看法？对世界呢？"然后，召唤我内心的阿布斯蒂特，确保每个人都能简短地回答这个问题。

第四章

创造一个暂时的别样世界

THE ART OF GATHERING

HOW WE MEET AND WHY IT MATTERS

有时候你需要为聚会增添一些趣味。

在前几章中，我们已经探讨了如何让聚会紧扣一个有意义的目的，如何在这个目的的基础上选择宾客和场地，以及如何通过适当的方式来招待客人。这些决定将为你的聚会打下坚实的基础。

和我一起工作的许多人都没有意识到这项基础性工作的必要性，我必须说服他们回归根本。他们经常向我提出的疑问，正是我们接下来要讨论的内容。既然我们已经完成了基础性的工作，那么，我们该如何在下一次聚会中为聚会调调味呢？

如果咨询网站算是一种指南，那么可见民众对这个问题的答案的渴望多么强烈。来自 SheKnows.com 的指南是"让你的下一次晚宴变得更有趣味的方法"。来自在线邀请公司 Evite 的指南是"为办公室派对增添趣味的5 种方法"。来自 Wisdump 的指南是"召开会议？这些新奇的想法能增添趣味"。来自天主教青年事工中心的指南是"为你的下一次青年团早餐增添趣味的12 种方法"。

不可否认，这类网站上的有一些技巧确实很实用，有一些则不然，但此类建议都忽略了一个更重要的问题，即许多平淡无奇的聚会，不可能凭借脱离聚会背景的一次性干预和技巧来挽救。聚会的平淡是一种疾病征兆，我们必须治疗这种疾病。是什么疾病呢？那就是，聚会没有做到最出色的聚会会做的：将人们带到一个暂时的别样世界。

因此，就让互联网去兜售那些增添聚会趣味的"小提示"和"小窍门"吧。在这一章中，我们将更深入地探讨一种为你的聚会调味的方法：将聚会设计成一个仅存在一次的世界。

规则的兴起

几年前我开始关注邀请函，有些是我收到的，有些是别人给我看的。在某种程度上，这些邀请函看上去都很普通，无非邀请人们参加晚宴、大会或会议，但同时又都包含一种陌生的，甚至不和谐的元素——聚会的规则。

曾经有一个毫不谦逊地自称为"影响者沙龙"的组织，每个月召集12个陌生人一起做饭和吃饭。在邀请函中，该组织列出了这些规则，"对话：我们要求客人在晚上的展示环节结束前不要谈论自己的职业或姓氏""摄影：只允许在展示环节拍照""出席：确认了却未出席的人将不再被邀请"。（事实证明，所谓的展示就是上菜。）

有一个叫作"天才之家"的聚会，起源于科罗拉多州博尔德市的一项实验。该聚会聚集了一群企业家，旨在用他们的集体智慧解决他们遇到的问题。它有一套自己的"家规"，包括"只写名字，把姓氏、职业等个人信息留到最后再揭晓""为了保持纯粹的合作，在'大公开'之前只能使用名字""建设性地合作：天才能为了更大的利益而提出具有创造性和可行性的想法。适当批评，但必须有建设性。如果你喜欢别人的想法，可以在观点后以'+1'示意，表示赞同"。

"杰斐逊晚宴"的请柬会提醒你"不能和你身边的人谈话，只能和整张桌子上的人谈话"。

在新奥尔良的一次生日聚会上，邀请函设定了一套相当有爱的规则："限定你在床上的时间""不要脱离群体，做一个坚定的追随者""拍摄大量的照片，但一张也别发布""和一个当地人对话""在聚会过程中想出更多规则"和"不要错过回家的班机"。

有一份婚礼请柬上写着："我们诚邀您参加我们的无设备婚礼。请关闭您的手机和相机。"

还有一份圣诞派对的邀请函，上面有一条关于回复的规定："我们不在乎你到底来不来，但你必须回复。否则，明年你将不再被邀请。"

有时候，这些规则让我感觉太过苛刻。你凭什么告诉我该和谁说话，该用哪个名字自称，可以谈论什么，是否需要独处时间，是否查看了短信，是否更新我的 Instagram 信息。乍眼一看这些规则类似于许多古老聚会上的古板礼仪，而且更极端。所谓礼仪，就是他人不会为了提醒你这些礼仪而给你发许多邮件。没有人会提前通知你礼仪是什么，也没有人会强迫你遵守礼仪。如果你搞砸了，最多就是不会再被邀请了。这些邀请函的不同之处在于，这是在提前且直白地命令客人该遵守的行为细节，没有留下任何想象空间或社交线索。

我用了很长时间才想明白，这些聚会其实根本不是对礼仪的加倍重视，而是对它的反叛。从这些规则的明确性和奇思妙想中，我们往往可以看出它们的真正含义：用更具试验性和民主性的东西取代消极激进的、排他的、极端保守的礼仪戒律。

富人世家关于行为举止规范的小知识

上六年级的时候，我央求父母帮我报名参加少年沙龙舞。其实我压根儿不知道"沙龙舞"是什么，但我在北弗吉尼亚的朋友都参加了，我怎么能落于人后呢。由于我是独生女，又在美国以外的地方长大，我的父母很乐意送我去那些有同伴的地方，尤其是那些看起来非常美国化的场所，因此他们为我报名加入了南方礼仪学校。

全国少年沙龙舞联盟的起源可以追溯到北卡罗来纳州林肯顿镇。1979 年，一位名叫安妮·科尔文·温特斯（Anne Colvin Winters）的女士开始教授礼仪。温特斯在她的家乡北卡罗来纳州加斯托尼亚曾是选美冠军和初入社交界的名媛。后来她成为罗纳德·里根（Ronald Reagan）总统竞选活动的全州组织者，且重点关注学院和大学。她在林肯顿开设的小班最终发展成一个全国性的组织，在 30 多个州有 300 个分会。沙龙舞为学生提供了"为期三年的课程，旨在教导和训练年轻人的礼仪，使他们和周围的人生活得更愉快"。

少年沙龙舞所教授包括得体的电话礼仪、收到礼物后的感谢、介绍、参加团体活动、礼貌的谈话、给予和接受赞美、体育礼仪、第一印象、各类场合的着装要求、家中和公共场所礼仪、餐桌礼仪、正式场合礼仪、就餐风格（包括美式、亚洲式和欧洲大陆式）、做客技巧、女主人或主人技巧，以及社会行为等领域的技能。

每个月我都会穿上长筒袜、海军蓝百褶裙、白色高领毛衣（我把它塞进那条裙子里），还有我最喜欢的花背心。父母开车送我到当地的一个乡村俱乐部，学习如何让我周围的人生活得更愉快。一位来自南非的女教师会打开一张铺着白色桌布的桌子，给我们展示恰当的餐桌布置，甚至包括酒杯的精确摆放。她示范了发送感谢信的正确方式（要及时，并写下一个具体的感谢细节）。她教我们在餐馆里如果叉子掉在地上该怎么做（永远不要去捡），以及狐步舞的舞步。我记得大多数课程都会以正式的舞蹈课结束。（我最害怕这个环节，因为需要和一个男孩一起学舞步，我还患上了朋友所说的"汗手综合征"。）

沙龙舞即使不能改变人生，也是令人愉快的。我喜欢和朋友一起出去玩儿，一起咯咯地笑，那是我第一次深入接触乡村俱乐部。我也很喜欢它的毕业典礼，因为我们可以在当地的克莱德餐厅举行舞会，但它教给我们的课程内容并不是特别有用。我将少年沙龙舞的教学内容存入大脑的深处，且将其当作"富人世家关于行为举止规范的小知识"。

毫无疑问，礼仪有一定的价值，毕竟是我说服父母送我去参加沙龙舞的。在一定的社会环境或职业阶层中，有一套共同的规范和行为是有帮助的。共享这个"公共代码"可以让人们更方便地相互协调，避免让彼此尴尬，并将社交风险降到最低。

礼仪的这些积极特征在稳定、封闭、同质的群体中尤其有效。物以类聚，人以群分。当志趣相投的人聚在一起时，礼仪的作用往往发挥得很好，以至于没有人注意到它的存在。在古希腊，当你被邀请参加一场会议（古希腊社会普遍流行的一种习俗）时，你知道会有一排椅子等着你，它们可能会围成一圈，也可能是在主人的卧室里，而你最好确保你的肝脏和喉咙无恙。20 世纪 50 年代，如果你被邀请去艾奥瓦州滑铁卢市的一户人家里，你自然知道在餐厅吃完饭之后，大家可能会挪步到钢琴旁一起歌唱，其中很多歌都是你们在主日学校学的。在当今的斯德哥尔摩，当你被邀请参加 8 月的小龙虾派对时，你知道你可能需要回想一下 *snapvisor* 的歌词，并准备好灌下一杯杜松子酒。在阿根廷，当一家人在周日下午聚在一起吃烧烤时，没有人会为当天剩下的时间做任何计划，因为他们知道在吃了一盘接一盘的肉之后，他们会坐下来聊天，一直聊到天荒地老，他们称之为"sobremesa"。这些情景都是通过礼仪来润滑的。一群志趣相投、受过同样教育的人，按照一种不言而喻、长期存在的准则，愉快地、一次又一次地聚集在一起。

但问题是，现如今越来越多的人不再生活在志同道合、教养相似的圈子里了。回想一下你最近参加的几次聚会，比如工作会议、课堂和贸易展，你面前这位和你交谈的人很可能是来自遥远的他乡，你们有着不同的文化规范，不同的种族、宗教和历史背景。坐在你身边的人，很可能是一些切实践行礼仪的人，只不过他们的礼仪与你的不同，甚至可能在某些方面与你的礼仪相冲突。在纽约，我的阿根廷朋友曾经常常会在晚宴上迟到一小时，他们还很疑惑朋友为什么会气得脸色发青。他们经历的不是文明的冲突，而是礼仪的冲突。当犹太教和基督教的姻亲第一次在感恩节聚在一起时，一方像往常一样开始做主祷文，而另一方则静静地坐着，感觉自己被孤立了。他们经历的不仅是礼仪的冲突，更是信仰体系的冲突。在未来，这样的冲突会越来越多。

礼仪与临时规则

在这种背景下，我可以更好地理解临时规则的兴起。随着现代生活摒弃了单一文化和封闭的同类圈子，以规则为基础的聚会正在兴起，而这并非偶然。临时规则可能是一种新式礼仪，更符合当代现实。如果从出生开始就被灌输的隐式礼仪对于封闭部落（无论是波士顿的婆罗门还是泰米尔人）的聚会是卓有成效的，那么显式的临时规则对于跨越差异的聚会则更有裨益。以规则为基础的聚会，尽管看起来很有控制力，但实际上给我们的聚会带来了新的自由和开放。为了理解其中的原因，我们必须研究临时规则和礼仪之间的差异。

我上的沙龙舞课是一项悠久的礼仪传统，可以追溯到几百年前。1750年，切斯特菲尔德四世伯爵（the fourth Earl of Chesterfield）给他的私生子菲利普·斯坦·霍普（Philip Stan Hope）写了一封信，提出了后来被认为是现代礼仪奠基之一的建议。"你已经获得了知识，这是基本原理。"他写道，"但是你现在有许多次要事务需要处理，这些事务综合起来就是一个伟大而重要的目标。你可以轻而易举地猜到，我指的是"美惠三女神"，即风度、谈吐和礼貌。"在这些"美惠"中，有一种能力是"能够优雅自如地雕刻、用餐和饮酒"。一个人应该避免"尴尬的态度，以及狭隘的、缺乏教养的、令人厌恶的习惯，比如挠痒、剔牙、抠鼻子和挖耳朵"。

从18世纪的礼仪到少年沙龙舞，历史的道路经历了很多站：艾米丽·波斯特（Emily Post）的教义、罗伯特（Robert）的《议事规则》，以及各种各样关于如何在文明社会中避免尴尬的指导。然而当我读到切斯特菲尔德四世伯爵的信时，让我感触深刻的内容是生活中的礼仪的一些基本特点是如何从一开始就融入体内的。

礼仪的第一个特点是固定。无论是伯爵对他儿子的教导，还是我在少年沙龙舞学习的课程，都富有一种强烈的永恒感。这些不只是这次活动、这个月或者这一年的指南，而是经久不衰的金玉良言。实践这些方法就是坚持传统，因为这些代码不会改变，所以你需要抽时间尽早地学习它们，以便在社会上加以运用。"我们坚信礼仪永远不会过时。我们培养孩子的这些技能是受用一生的技能。"全美少年沙龙舞联盟称。

礼仪的第二个特点是专横，它是"谦逊"的反义词。礼仪根本不在乎不同文化或地区的不同做事方式。对那些希望被视为高雅的人而言，礼仪所主张的黄金行为准则是唯一可被接受的标准。礼仪对多样性不感兴趣，也不关心不同民族的不同风格。在少年沙龙舞会上，我们没有学过康普顿舞、哈莱姆舞或阿巴拉契亚舞，我们学的是狐步舞以及展现礼貌的通用代码。

礼仪的第三个特点是排他。礼仪背后的价值体系是贵族化的，目的是帮助你从乌合之众中脱颖而出。我们想要攀登社会阶梯，而不是瓦解它。如果每个人都知道狐步舞和酒杯的正确摆放位置，那么参加沙龙舞的学生就不会像网站上承诺的那样鹤立鸡群，成为"毕业班最成功的学生之一"了。

如果礼仪是固定的、专横的、排他的，那么临时规则就有能力颠覆这些特点，并创造出更多试验性的、谦逊的、民主的，以及令人满意的聚会。

如果礼仪是关于维持恒久不变的规范，那么临时规则就是关于尝试的。"晚餐时不要谈论政治或宗教"的礼仪，在那些对这一点深信不疑的人看来，适用于所有的晚餐，而不仅仅是他们自己的晚餐，也不仅仅是选举年的晚餐。在某个沙龙里不准提姓氏的规则只是一种取乐，在最后一位客人离开后便会消失。在一个以礼仪为基础的聚会中，行为方式源自你的身份，并定义了你是谁。而在以规则为基础的聚会中，这些行为是暂时的。礼仪培养了一种抑制机制，而有规则的聚会则允许大胆尝试。规则可以创造一个想象的、短暂的世界，这个世界实际上可以比我们的日常聚会有趣得多。因为每个人都知道这些规则是暂时的，所以愿意遵守它们。

如果礼仪所追求的是"唯一正确的方法"，那么临时规则就没有这样的要求。临时规则没有民族中心主义和古典主义的礼仪主张，因为它们执行的规则是自己规定的。临时规则的暂时性是其谦卑的标志。没有人声称隐瞒姓氏是有教养的标志，它们只是要求你在这一天，这个时点，和这些人一起，为了这个目的，不要说出你的姓氏，然后让我们看看会发生什么。

如果礼仪的目的是让人们远离某些聚会和社交圈，那么临时规则可以让参加聚会的人更加民主。我们需要多年的训练才能对礼仪了然于心，还有什么是比这更不民主的呢？但是规则不需要事先准备。因此，一个刚到一个国家，不熟悉这个国家的文化，但能够阅读电子邮件的人完全可以毫不尴尬地参与一个以规则为基础的聚会。但在一个充满礼仪禁忌的聚会中，他会倍感挣扎。初来乍到的人，遵守杰斐逊晚宴、天才之家或新潮的"无声晚宴"的规则并不难，但要搞清楚在汉堡市的宴会上是否需要在别人打喷嚏后说"祝你健康"则需要多年沉浸在德国的社会生活中，学习通用代码和暗示。如果隐式的礼仪服务于拥有共性的封闭圈子，显式的规则则就服务于拥抱差异的开放圈子，而且这种显式的规则为外人提供了公平的环境。

礼仪允许相同的人聚在一起，临时规则允许不同的人聚在一起，而这些人愿意经历相同的体验。根据我的观察，现在许多最能跨越种族界限的人是那些愿意遵守游戏规则的人。当他们这样做的时候，往往会创造一个暂时的别样世界。通过起草一份一次性的聚会宪法，主人可以建立一个短暂的王国，把人们吸引进来，尝试新鲜事物，调节气氛，增添趣味。

现在，让我们把目光聚焦到一个叫可爱的"白色盛宴"（Diner en Blanc）的聚会上，看看它是如何运作的。

白色万花筒

白色盛宴是一个神奇的例子，让我们知道当聚会受到显式规则（而非隐式礼仪）的控制时，它能达到什么效果。这是一个全球性的宴会系列，在世界各地举办各种活动，从金斯敦到新加坡，从基加利到布加勒斯特。一个城市的一顿晚宴，可能有多达15 000名客人出席。在任何一个特定城市，每年只举行一次晚宴，而现在它的脚印已经遍布了六大洲的 70 个城市。晚宴将不同背景、种族、语言和性取向的人们聚在一起。人们无须共用同一种语言，而且可以有属于自己的饮食习惯。

这一全球性的现象起源于一次私人邀约。1988 年，在法属波利尼西亚生活了两年的弗朗索瓦·帕斯耶尔（Francois Pasquier）和家人回到了祖国法国。他邀请了一大群朋友来他家共进晚餐，庆祝他的返乡，但是家里没有足够的空间容纳这么多的客人，于是客人被安排在巴加特尔公园（巴黎的四个植物园之一）见面。他要求每位客人带上一位朋友，并身着白色服饰，以便在公共花园中更容易找到彼此。这个夜晚是如此美妙神奇，因此他们决定来年再办一次。除了许多常客外，每年都有很多新人加入。通过人们的口耳相传，这个聚会一年比一年更盛大。当巴加特尔公园无法容纳聚会的人数时，他们开始将聚会地点转移到巴黎更具标志性的场所，包括艺术桥、皇家宫殿和特洛卡戴罗广场。为了让晚宴保持一定的连续性，组织者要求新人应由前一年参加过的人邀请。随着时间的推移，一年一度的巴黎晚宴已经扩张到超过 15 000 名客人的规模。它在全球遍地开花，从一个大陆到另一个大陆。

晚宴传播的公开秘诀是它创造了一种包容文化，让千差万别的参与者能够齐聚一堂。

在约定的晚上，成千上万的当地人从头到脚都穿着优雅的白色服饰，戴着眼镜，或者是围巾、羽毛头饰、高顶丝质礼帽、天使翅膀、白手套、或拿着手杖。他们成双成对地抵达预先指定的地点，带着装满香槟的野餐篮子、精致的家常菜、玻璃器皿、白色桌布、白色鲜花和折叠桌椅。他们并不知道这场大规模的快闪族晚宴将在哪里举行，但他们确信这一定是一个令人流连忘返的夜晚。

这些客人通常是 50 人一组，从会面地点被带领着来到这座城市的一个令人惊喜的地点。一到现场，他们就打造出了一个跃动的白色蚁群。他们摊开白色的桌子、白色的折叠桌椅和白色的桌布，把桌子排成一排排的长条状，女人坐在桌子的一边，男人则坐在另一边。大家都把带来的东西，如玻璃器皿、瓷器、蜡烛、鲜花、花瓶、餐巾架以及其他任何可以为这个夜晚增添美感的物品，放在自己的桌子上。你绝不会看见任何一点点的纸和塑料。

现场既没有正式的开幕仪式，也没有司仪的主持（而且是明令禁止的）。相反，客人会相互解读对方的暗示，抓起他们的白色餐巾在空中挥舞，作为开启美妙之夜的提示。用餐时间到了，伴着日落，在接下来的90分钟里，这个庞大的部落将吃到三道菜的家常便饭。除了桌子、蜡烛等东西以外，食物也都是客人自带的，聚会组织者甚至强烈建议是自家做的美食。（近年来，在某些城市，人们还可以选择从现场的小贩那里购买食品。）酒可以是白葡萄酒、玫瑰葡萄酒或香槟，很少会出现罐装啤酒。到了甜点时间，客人会拿出一些特别的食物：巧克力草莓或者单独包装的马卡龙。在整个过程中，所有人都在自己的座位上安安分分地坐着，没有人站着或四处走动，也有很多人会选择在这一刻求婚。

世界各地的人都说，参加白色盛宴是他们一年中最美好的夜晚。一位纽约的宾客这样描述它："在过去的三年半里，我一直在同身体疾病和各种挑战做斗争。尽管如此，我每年还是会参加白色盛宴，即使我的医生不建议我前往。因为我发现无论是在精神上、情感上，还是在身体上，它都如此令人振奋。"他接着说，"除非你来这里亲身感受，否则真的无法描述其中的情感和感受。"

当夏夜的夜幕降临，每张桌子上都亮起了灯，预示着这个夜晚将步入下一个阶段。客人站起来去找其他朋友，他们拥抱、敬酒、开始跳舞。娱乐总是以一个惊喜的方式开始，可能是那次在纽约晚宴上的一把电子小提琴，或者是东京那一群打着纸阳伞的舞蹈演员，或者是在海地太子港的鼓和吉他。当这个部落的脉搏变得更强时，情绪也随之改变。午夜的号角声响起，客人收拾好桌子和物品，集体离开。在大家坐下来用餐的4个小时后，这样的夜晚变得无处寻觅。

对规则的博弈

白色盛宴的传播为何如此之广？也许是因为它直觉地认为，要想召集众多形形色色的人，礼仪是无法胜任这个任务的。于是，白色盛宴把赌注都押在了规则上，而正是这些规则帮助了一位名叫木村石原（Kumi Ishihara）的女性将这一魔法引入了日本。

在距离巴加特尔公园数千英里[⊖]的地方，在那次最初的聚会多年后，有一天石原在 YouTube 上看到了一段纽约快闪族晚宴的视频。石原出生在日本海滨城市镰仓，14 岁随家人移居德国杜塞尔多夫。在那里她上的是日本学校，并产生了一种"游牧民"的意识。在新加坡和伦敦工作了一段时间后，将近 30 岁的石原回到了日本，开始从事瑜伽教练、创意顾问和翻译的工作。当她看到这段有成千上万穿着白色衣服的人聚在一起的视频时，她被深深地吸引了。"看到这么多人像白色海洋一样聚集在一起，我感到非常惊讶。"她告诉我。她非常痴迷于这个全球性的现象，因为它能够通过相同的经历把不同的人联系在一起。她知道，她必须把白色盛宴引入日本。

首先，石原需要说服法国的组织者给她颁发一个自己梦寐以求的白色盛宴许可证。为了保持白色盛宴的规格及影响力，法国主办方开发了一套系统，向世界各地的组织者颁发许可证，授权他们举办正式的白色盛宴。她说服了两个拥有更多大型活动组织经验的日本朋友加入她的申请和面试，并在两轮视频会议后获得了许可证。

接下来，石原必须想办法把这种非常公开的欧洲晚宴带到日本这个非常注重私人空间的社会环境中。她和其他组织者需要日本当局为他们提供公共场所，举办一场听起来确实很古怪的活动。他们必须引起数百人对这顿晚餐的兴趣，而大多数人对此从未耳闻。其实最大的障碍，是必须说服这些陌生人遵循一套复杂又陌生的规则。

⊖　1英里＝1 609.344 米。

作为组织者，石原必须遵守并执行为晚宴制定的一系列严格规定，她将这些规定总结如下。

- 如果您收到邀请，您必须带上一位客人。
- 每排桌子的座位分为男性一侧和女性一侧。
- 穿白色衣服，袜子、鞋子、头饰等也应是白色的。
- 着装应正式而大胆，且要有品位。
- 带上葡萄酒、香槟或矿泉水。拒绝携带啤酒、烈性酒或软饮料。
- 方桌尺寸必须为 28 ~ 32 英寸$^{\ominus}$ × 28 ~ 32 英寸，并铺上白色桌布。
- 拒绝塑料和纸，只允许携带玻璃器皿和精致瓷器。
- 如果你接受了邀请，就必须出席，风雨无阻。
- 食物必须"优质"，最好是自制的，拒绝快餐。
- 晚宴上没有司仪，一切都将通过群体暗示进行。
- 用餐期间禁止站立，因为这是正式的晚宴。
- 用你带来的垃圾袋做好清理工作，不要留下任何痕迹。
- 组织者每年只举办一次白色盛宴。

让日本民众接受这个晚宴难如登天。石原告诉我，在日本没有和陌生人一起用餐的文化。虽然在日本穿着和服很常见，但白色的鞋子几乎不可能找到。尺寸刚好合适的桌子需要提前几个月订购。人们不习惯在互联网上注册信息，也不习惯为了参加聚会费劲地带那么多东西。要让日本民众答应前来参加这场活动已经够难的了，更何况人们并不习惯为他们前所未见的东西付钱。横亘在石原面前的挑战是要让成千上万个彼此陌生的日本人不仅遵守这些规则，而且要为这些规则感到兴奋。

几个月来，她每天都在日本白色盛宴的 Facebook 页面上发帖，"让他们进入状态"。她用英语为我总结了她在 Facebook 上留言的主题。"故事不仅仅只关于那一天，它至少会贯穿一整个月。"石原说，"买一个你喜欢

　　$\ominus$　1 英寸 = 2.54 厘米。

的蜡烛架，选一条你中意的裙子，这样你就建立了动力和激情。"几个月以来，她一直在专注于不同的元素。有一天，她写到了晚宴的欧洲性："这就像一场宴会，是非常正式的。你真得用心打扮一番啊！在宴会上绝对不会出现纸盘子！"她向宾客解释说，这顿晚餐是有意这样苛刻要求的："这是一场责任重大的聚会，而不仅仅是一次简单的野餐。"最重要的是，她采用了我在第一章中提到的逾越节原则，传达出这是一个特殊的夜晚和一次特别的邀请，一年最多一次，而且是日本白色盛宴的首秀。"我们选择了一个非常神秘的地方，在日本没有人曾在那里吃过饭。"她回忆起自己发的帖子说，"这可能是你一生中唯一一次在那里吃饭。"

就像世界各地的人一样，一些东京民众可能会对某些规则望而却步。在新加坡，一场关于新加坡食物是否足够"正式"的辩论引发了一场关于他们的"古老殖民者的主宰心态"的愤怒风暴。在波士顿，一位博主写道："这……如果我们是一对同性恋人，不管是罗曼蒂克式的还是柏拉图式的，我就不能和我的客人坐在一起了吗？因为它会破坏对称性？"在华盛顿，有人说："从来没有一件事让我如此想要策划一场彩弹大战。"在新奥尔良，有人说："这整件事让我感觉就像穿上了一件旧的圣徒运动衫，一边舔着前臂上的烤牛肉肉汁，一边跳着丘比特随机舞步。"组织者被指责"势利"，他们的活动费用"太昂贵"（注册费用为每人 35～50 美元，视城市而定），而且客人要做的准备工作太多。在温哥华，两位艺术家甚至还举办了另一场名为"临时的、几乎无组织的、适合家庭的"黑色野餐（Ce Soir Noir），共有 1500 人参加。尽管如此，白色盛宴依然在质疑声中年复一年地从一个城市传到另一个城市，预约名单越来越长。东京的预约名单上有 11 000人，而费城的预约名单上则多达 26 000 人。

在以旁观者的身份参加了纽约的白色盛宴之后，我可以告诉你，参加聚会的人群在各个方面都比我参加过的大多数纽约聚会更加多样化，也比纽约大多数高级餐厅的顾客更具多元性。正如纽约活动的联合主办人告诉 *TimeOut* 杂志的那样："这个活动的美妙之处在于它的多样性。参与者来自纽约的各个领域和地区，是我们所在城市的真实写照。能参与让这么多不同的人聚在一起的活动，普天同庆，真是太棒了。你可以把一切都抛诸脑后。今晚，我们都是一身白装。"

政治记者谢恩·哈里斯（Shane Harris）在华盛顿特区撰写了一篇关于白色盛宴的文章，其中也做出了类似的观察。哈里斯称这次活动是"毫无势利感的"，在一个以"严格的社交日程和秩序"而闻名的傲慢城市，这极为罕见。"他写道：

> 我们虽然都身着白色，但我们大多数人是非裔美国人，也有白人，还有许许多多的亚洲人和拉美人。我们年老，我们年轻，我们是同性恋者，我们是异性恋者。
>
> 我分不清谁是富人谁是穷人。一个穿着漂亮丝绸礼服的女人既可能是律师事务所的合伙人，也可能是一名实习生。
>
> 这些人不是我在众多社交场合所习惯忍受的那种人。没有人越过邻座的肩膀，去打探他们究竟应该和谁对话。没有人问我是干什么的。这是一场没有讨厌鬼且令人愉快的活动。

在哈里斯经常参加的那些优雅的华盛顿聚会上，五颜六色的服饰和占据半壁江山的白人再常见不过了。在白色盛宴上，白色的是服饰，多彩的是来宾，我不认为这是巧合。当社交代码被直接挑明，并变成一个仅限于一晚的游戏时，你无须知道那些隐式的礼仪，无须以某种方式被养育成人，不必长久浸润在某种文化中，也不必理解几十年的社交线索。你只需要知道今晚的规则。这就是以规则为基础的聚会组织者提供的交易：如果你愿意接受苛刻的活动规则，聚会组织者将为你提供一种别样且更丰富的自由，与各种各样的人相聚一堂，与你我的聚会传统无关。

在东京举行的盛大晚宴上，1600名身穿白衣的宾客如约出现在指定的地点。石原描述了她挥舞着手帕启动晚宴时的感受："我们征服了这个地方。"在晚宴上，大多数人都是完全陌生的。石原说："你的内心已经敞开，因此你可以和任何人做朋友。"

在晚宴尾声，吹响的号角通知人们晚宴结束了。"还记得灰姑娘吗？"石原问道，"灰姑娘知道当午夜 12 点的钟声响起，她就必须离开。在这儿也是一样，人们自然而然地知道这个夏天的午夜已经结束了。"人们会问自己："这究竟是一场梦，还是鲜活的现实？"这就是具有公开和趣味规则的聚会的力量。你创造了另一个世界，它会结束，而你可以从头再来。

规则与手机

礼仪作为现代社会的黏合剂，是很有问题的，因为它使我们更难在差异中进行聚会，而不是更容易。这并不是它唯一的缺点。在抵抗这个时代最强大的力量——令人上瘾的科技时，礼仪也是一道毫无希望的屏障。

不管你喜不喜欢，如今任何一个聚会都必须面对这样一个现实：技术设备让人们经常心不在焉。不断分心是现代生活的诅咒，更是现代聚会的诅咒。人们通常太忙，根本没有时间聚在一起。安排聚会可能是一场噩梦，协调他人也可能是一件令人痛苦的事。而当我们终于克服重重困难走到一起时，我们又开始三心二意，心神不一。

如何让人们参加你的聚会？如何让他们不仅能够脱离那些屏幕，而且能够不惦记那些屏幕？如果人们像一些研究表明的那样，每天平均查看手机 150 次，你如何确保其中 50 次不是发生在你的活动中呢？你可以让大家都聚集在一个空间里，可又如何确保他们的心思都在这儿呢？

很长一段时间以来，我们都认为礼仪是解决上述问题的钥匙，因为过度依赖无言的规范，依赖礼仪。我们总希望客人在晚餐时不要查看手机，就像不要重复蘸薯条酱一样，这是不用说大家都知道的礼仪。（显然，这两种规范都不成功。）但在这个容易分心的时代，礼仪并没有在对抗科技方面取得成功。如果礼仪因为自身的内在化和含蓄性而在聚焦庞大又多元的群体时失败了，那么它在与技术对抗时败下阵来的原因就更简单了。一支由世上最聪明的人组成的技术军队正在狂热地工作，以确保礼仪对令人上瘾的新技术无计可施。

2011 年，谷歌收购了一家名为 Apture 的小公司，该公司的首席执行官特里斯坦·哈里斯（Tristan Harris）加入了设计 Gmail 收件箱应用的团队，并形成了一种观点："历史上，从未有过在三家公司（谷歌、苹果和 Facebook）工作的少数设计师（大多是住在旧金山的白人男性，年龄为 25 ~ 35 岁）的决定能对世界上数以百万计的人如何支配他们的注意力产生如此大的影响力……我们应该拥有巨大的责任感，把事情做对做好。"哈里斯最终将这一观点放在了一份长达 144 页，题为"减少分心和尊重用户注意力的"的 PPT 简报中，演讲对象是谷歌的同事。这是一次满怀激情的呼吁，呼吁人们不要再把个人责任和礼仪规范作为应对分心的恰当方式了。哈里斯在接受《大西洋月刊》采访时表示，让每个人去承担不分心的责任，就是"没有正确意识到其实在屏幕的另一边，有成百上千个人的工作就是让用户个人无法抵制技术的诱惑"。谷歌任命他为公司的"哲学家"，任务是反思科技如何影响人类社会。

如果礼仪在硅谷的程序员面前毫无胜算，那么规则为什么就有用呢？因为规则是显式的，是一种试验性的游戏。在有限的时间内尝试一些事情存在一定的新鲜感和乐趣。如果这种规则是永恒的，就可能会让人感到压抑。当规则只是为了创造一个暂时的别样世界而被实施时，反而是迷人且有趣的。

"我心在此"日

我和我的丈夫曾经无意中创造了一个这种类型的活动。当时我们马上要搬到纽约，迫切地希望探索我们的新家。我们想让自己养成不断探索的习惯，而不是只局限于几个相同社区的窠臼内。我们协商一致要偶尔抽出一整天的时间来探索一个陌生的社区。

很快我们就迎来了第一个探索日。我们选择了哈莱姆区。当我们向我们的朋友诺拉·阿布斯蒂特（慷慨的权威的典范）提起这件事时，她在没有收到邀约的情况下就立刻宣布："我也来。"新婚夫妇的浪漫计划顿时变成了一场社交活动，一种聚会。阿布斯蒂特说她还要带一个朋友来（是的，她违反了自己的规定），我们同意了，因为我们其实也不知道自己究竟在做什么。"我心在此"日由此诞生了。

我们有一个朋友是阿比西尼亚浸信会的成员，这个浸信会是由卡尔文·布茨三世牧师（Dr. Calvin O. Butts Ⅲ）领导的。这座教堂每年要接待数千名游客，原因之一是它那著名的福音唱诗班。作为浸信会成员的客人，我们可以坐在楼下的主长椅上，而不用和外人一起坐在楼上。在开始布道之前，布茨牧师不仅叫出了我们的名字，还向大家宣读了我们的履历，这让我们大吃一惊。在大家的掌声中，我们不禁羞红了脸。我们受到了几十位成员的热情欢迎。

怀着高昂的兴致，我们去了附近的一家餐馆吃午饭。在餐厅里，我们聊起了在纽约的各种经历，以及这座城市所拥有的狂躁节奏。我们一坐就是几个小时，大家开始分享自己对在纽约的生活、对了解当地的社会规范、对自己能否负担得起生活成本的恐惧和焦虑。随后，在没有过多考虑的情况下，我们向南走了40个街区，有点儿像在做城市调查。有人建议我们不仅要看商业设施，还要看看私人住宅，那才是行动的目的所在，但我们怎样才能看得到私人住宅呢？

突然，阿布斯蒂特想起她有一个住在附近的朋友。心血来潮之际，她给朋友发短信问：我们能不能顺路过来打个招呼。这位朋友不仅邀请我们一道喝茶，还让我们看到了一个美丽的家。我们对自己的运气感到兴奋不已，决定继续往前走。这次我们向北一直走到了纽约市立博物馆（Museum of the City of New York）。在那里，我们了解了纽约市的整个建造过程，包括凹凸不平之地如何被夷为平地，农场如何被铺平，摩天大楼为何只能在某些地方建造。在走出博物馆的路上，隔壁大楼发出的强烈节奏吸引了我们的注意力。于是在周日下午4点，我们发现了一个大型的地下舞会。我们拿起啤酒就开始热舞，一小时后，我们汗流浃背地离开，来到了中央公园。尽管走了这么多路，但是我们仍然感到轻松、安宁，充满活力，而且一次也没有看过自己的手机。下午7点，我们互相道别。回家后，我的脑海里满是今天遇到的一个个人，走过的一条条街区，聊过的一个个话题。虽然搬到一个新城市才3个星期，但是我们已经认为也许我们可以在这里找到我们的同类，也许我们可以把这个城市叫作家。

我和我的丈夫的一个模糊想法，变成了我们早期在纽约最有意义的聚会仪式之一。先是我们4个人，然后变成了6个人，最后变成8个人或10个人。起先我们没有设置任何规则，大家纯粹只是一直待在一起，在周六或周日，以不同于往常的方式开始聚会。我们会选择一个社区，并轮流策划当天的活动。一开始，这个活动是比较临时的，唯一的规则是必须准时到场，并且一直待到结束。当初我并不打算制定任何规则，认为规则是自己慢慢发展出来的。

这个偶然创造的聚会方式每次都能产生一些魔力。"我心在此"日开始进化成一个有意识的想法，但其结构是自然形成的。我们的限制条件都很"纯天然"：选择一个可以步行探索的区域，参加人数以让大家能坐在一张桌子上吃饭为准，考虑天气因素。我们发现当有一个人担任组织者的角色，提前做一些研究，不管他是否了解这个社区，只要能为其他人创造一种具体而愉快的体验，这一天就会进展得很好。我们还发现，当其他人都同意服从组织者慷慨的权威时，这一天会进展得最好。

我们创造"我心在此"日的初衷主要是探索和发现，但随着这个日子从两个人的概念演变成一个定期的群体探索，随着越来越多的人对此产生了兴趣，包括我们不认识的人，我迫不得已将实践编制成规则。因为人们需要知道他们参与的事情是什么，所以我把那些隐式的东西变成显式的规则，然后把这些规则告诉新加入的成员。

- 如果要参加"我心在此"日，请（在全程 10 ～ 12 小时内）有始有终。
- 关掉技术产品（除非它直接与当天的活动有关）。
- 处于当下，并参与到团队和活动中。
- 吃饭时大家一起交流。
- 乐于尝试任何事。

在这些规则中，前两条显然是最重要的。它们之所以强大，是因为它们迫使人们在一定程度上参与进来，这不只在纽约，在科技发达的现代社会也是十分罕见的。人们必须准时到场，全程参与，而不是想来就来，想走就走。在明确这些条件后，人们反而变得更放松了。他们放弃了骑驴找马，他们就在这儿，就在当下。因为大家的心都在此，人们可以尽情地享受彼此的陪伴。这些规则让忙碌、压力大、总是心烦意乱的人们走到一起，让一切变得简单。"我心在此"日之所以有效，是因为规则让人产生了一种只要心在这儿"就够了"的感觉，因为当你在"这儿"时，你就在另一个世界。

我们总是刻板地将规则和拘谨、僵化联系起来，但在"我心在此"日里，规则创造了亲密感。我们每个人都无法与谷歌、Facebook 和 Snapchat 的编程天才匹敌，但当"心在当下"被奉为一种规则，仅限一天的、暂时的、谦卑的、包容的尝试就会战胜我们口袋里那个设备的力量和我们无休止地运转的大脑。

我们从这些实验中发现，一群人在一起待 12 个小时和在 3 个不同的场合待 4 个小时的意义是完全不同的。在一起的时间越长，人就越容易开始说真话。在东扯西拉地闲聊了一段时间后，人们（包括你）会感到疲倦和动摇，防备之墙开始渐渐坍塌。当傍晚来临，人们开始分享他们的过去，他们与金钱、父母、宗教之间的斗争，而这些话题往往是难以启齿的。这些对话才是真正意义非凡的，让萦绕心头的孤独感烟消云散。我意识到，原来在这座城市里还有一些人和我一样背井离乡，孤注一掷，但又珍视自己的家庭。有一些像我一样不愿谈论工作的人，开始讨论在工作中经历过的挫折。还有一些人担心钱的问题，但他们和我一样，不想让钱阻止自己继续冒险。这里有"忙碌的纽约人"，他们不仅愿意，而且渴望放慢脚步，享受与朋友甚至陌生人在一起的时光。

这些规则之所以有效，是因为它们不是专横的，它们只是这些特殊日子的准则。当我们遵循这些规则时，它们就改变了我们的行为，改变了人们看待我们和与我们互动的方式。当我们一群人在社区里散步时，坐在门廊上的当地人会对我们这个奇怪的"游牧部落"感到无比好奇：这个"游牧部落"似乎遵循着一套不同于其他人的规则。我们会和陌生人一起席地而坐，和附近酒吧的老板促膝长谈。我们曾经和当地的一个电视摄制组在一起等待一个故事的播出，我们被邀请在红钩区的一间车库里分享罐装沙丁鱼，我们在一个犹太教堂里和极端正统的犹太人讨论同性恋问题，我们也在唐人街最后一个还在营业的道观里算命。在罗斯福岛的一个神奇的夜晚，我们被邀请到一个酒吧老板的公寓去观赏一种植物。这种植物是他在中国的祖母送给住在纽约的孙子的，名叫昙花，每年只开一晚的花（不是我们在的那天晚上）。当我们坐在那儿，啜饮着葡萄酒，俯瞰威廉斯堡大桥时，酒吧老板拿出了他的家庭相册，与我们分享了他祖母的照片。在留恋和聆听中，我们见证了美丽的瞬间。

把这些规则强加于自己，为什么会让我们觉得如此自由呢？我的朋友巴拉通德·瑟斯顿（Baratunde Thurston）是一名喜剧演员，也是"我心在此"日的老成员，他这样回答这个问题。

一群人在一起共处很长时间是很少见的。我们都做好了全身心投入的准备，忘记时间和空间，这意味着我们可以做任何事情。所以主动选择做一件事，并和一群固定的人共同去实现是至关重要的。有时候，这些规则会让我焦虑不安。我想给别人发短信、搜索信息或者浏览一下 Instagram，因为 Instagram 已经成功地培养了我的用户黏性，成为我消磨空闲时光的一种习惯。

"我心在此"日提供了一种不同的方式来打发那段空闲时间，这些规则使我可以更深入地体验当下。手机会让我错过眼前的许多故事和景色。我可以和旁边的人交流，而不是拒人千里。因为我知道我会一整天都和这一群朋友在一起，便不用每时每刻都去预测下一秒会发生什么，因此我摆脱了轻微焦虑。周围世界发生了什么、我下一步要去哪里并不重要，因为我决定让自己的当下就在"这里"。

这就是目的，这就是魔力。在一个有无限选择的世界里，选定一件事就是革命性的行为，而限制实际上是一种解放。

俯卧撑

钻石可能是永恒的，但聚会规则只是暂时的，这就是它的力量。规则可以让瑟斯顿这样的人感觉被解放，而不是被压迫，因为它是暂时的、谦逊的和包容的，它创造了一个和聚会同始同终的世界。这种短暂的聚会规则允许你作为聚会组织者充分发挥自己的创造力。在制定规则时，你并不是在主张未来的聚会应该如何。基于规则的聚会就像在拉斯韦加斯赌博一样，在那里发生的事情就只会留在那里。

规则允许人们在聚会中有试验精神，而礼仪则是这种精神的天敌。至少在我让几位泰国高管在同事面前做俯卧撑后，我是这样对自己说的。我在曼谷郊外为 20 名顾问组织了一次为期两天的静修。在泰国，尤其是在这种礼仪帮助公司，顾问之间存在一种很强的礼仪，那就是客户永远是第一位的。因此他们会在晚上的任何时候拿起手机，离开家庭晚餐餐桌去接电话，走出婚礼礼堂去回复短信，甚至有必要时，他们会毫不犹豫地坐上下一班飞机。这种礼仪帮助公司在总体上获得了极大的成功，却对这次特别的聚会——一次旨在建立顾问之间内部信任的拓展活动构成了威胁。针对两天的会议，我计划了每天 8 小时的日程，每件事都精细和落实到分钟。

每两个小时的活动都安排得紧锣密鼓，顾问需要全身心投入，进行有力而坦诚的对话，谈论他们一直向对方保密的事情。然后，第一次破坏性行为出现了，一些顾问在休息时间安排了与客户通话。不足为奇的是，15 分钟后他们已经很难再放下电话了。当活动再次开始时，有 4 名顾问没有按时回到现场。即使他们是在工作，是公司的好员工，他们的迟到也伤害了整个团队，让在座的人感到恼火。这破坏了信任，破坏了我们在前两个小时所做的所有工作，让其他同事感到不被尊重。我开始意识到，客户至上的礼仪是如此之强，我亟须用一条明确而暂时的规则来对抗它。

当这些掉队的人面露羞怯地回来时，一位顾问半开玩笑地提出了一个建议，"做俯卧撑"！每个人都笑了。我抓住这个提示，决定将其作为会议的规则。4 名拖拖拉拉的顾问，西装革履，衣冠楚楚，不可思议地看着我，而那些按时回到房间的顾问开始咧着嘴拍手叫好。不一会儿，4 名顾问都老实地趴到地板上做了 10 个俯卧撑。

房间里的紧张气氛得到了缓解，我们也有了一条新规则：如果迟到了，你可以进来，但必须先做 10 个俯卧撑。那天我们又休息了 3 次。到第 3 次的时候，顾问都在走廊里飞奔，谁都不希望迟到。每次休息结束后，大家都会隆重地把门准时关上。一旦有谁迟到了几秒钟，每个人都会欢呼雀跃起来，而受罚的人则不得不趴在地上，自罚 10 个俯卧撑。这个团队共同制定了一条临时的新规则，暂时搁置了他们一贯的礼仪。通过让聚会变得有趣和无害，他们创造了一个人人都认同的短暂的社会契约，即使有一些无伤大雅的小尴尬。这条规则是有形的、有趣的，也为团队增添了一些必要的轻松气氛。

在这种情况下，客户优先的礼仪虽然对公司整体而言是有利的，但对特定的聚会而言是不利的。俯卧撑规则有助于我们在别样世界中抗衡那种强烈的道德感，以临时礼仪的身份为这次聚会保驾护航。正如我说过的，礼仪有助于保持愉快、礼貌和良好的行为。但有时，当一种特定的礼仪规范在一种文化中根深蒂固时，它就会排斥在某些特定时刻更合适的其他行为方式。关心客户在大多数情况下都是一种良好的礼仪，但这种礼仪没有给关心同事这条同样重要的道德准则留出空间，聚会规则允许我们开拓那片空间。

哈里森·欧文（Harrison Owen）是一位组织顾问，他意识到了会议礼仪的局限性。礼貌和假装对别人的工作感兴趣是如此强烈的价值观，以至于排挤了另一个同样重要的价值观：学习。欧文不是一名社会工程师，他也不打算改变上流社会不关心他人，对他人（尤其是那些他们将来可能需要的人）的感受麻木不仁的现实。他不可能改变礼仪，他所能做的只是暂时压制它。所以他创造了一种叫作"开放空间技术"的临时方法，并在其中嵌入了一个特定的规则来帮助抗衡隐式的礼仪规范。这项被称为"双脚定律"的规则规定："如果在我们共处的时候，你发现自己既没有学习也没有做出贡献，那就迈开你的双脚，去别的地方。"

通过创建这个规则，欧文做了一个试验，即如果在一个会议上，人们可以自由甚至被鼓励离开一个没有让他们有所学习的演讲时，会发生什么？演讲人还会有被冒犯的感觉吗？演讲人会明白吗？这会改变人们的演讲方式吗？欧文后来写道，这条规则的目的"只是为了消除一切罪恶感。人们不管怎样都会执行双脚定律，即使人还在现场，他们的心早也飞到千里之外了。但现在他们不必为此感到难堪"。就像我在泰国的研讨会上做的那样，这条规则抗衡了一种通常很有作用的礼仪，但对于这种特定的聚会，礼仪需要被抗衡。

有时候，当一个聚会组织者希望人们以一种正常社会规范所不鼓励的方式建立联系时，规则是卓有成效的。例如，纬度协会（Latitude Society）是旧金山一个较有争议的秘密地下组织，后来解散了。该协会曾设计了各种聚会规则，以营造一种归属感。该协会的一位天才促动师安东尼·罗科（Anthony Rocco）与我分享了许多经验，其中最让我眼前一亮的就是"你不能给自己倒酒，而必须由别人代劳"。这个简单的规则迫使人们（以一种有趣的方式）进行互动，把大多数人都想要的事物（一杯酒）和一开始会令人尴尬的事情（接近一个你不认识的人）捆绑起来。他们知道，在给自己斟酒之前先给别人斟酒的古老礼仪早已时移俗易，不可能指望一群陌生人在聚会上也这样做，所以他们制定了这个规则。

正确使用规则可以帮助你从聚会中收获更多，因为它能够通过暂时改变行为而实现不同的结果。以保罗·劳迪奇纳（Paul Laudicina）为例，他意识到自己所领导的全球管理咨询公司科尔尼（a. T. Kearney）的董事会已经沾染了一种坏习惯，即董事会成员不断要求获得更多的信息，并要求对问题进行澄清，这严重妨碍了让董事会制定关键决策的进程。当董事会成员因谈判破裂而怒火冲天时，劳迪奇纳意识到，人们问问题是为了避免做出艰难的决定。他们一味地索要更多的信息，而对那些能推动对话向前发展的重点问题只字不提。有好奇心是一件好事，但考虑到会议的目的，好奇心在这里毫无用处。作为董事会主席，他引入了一项新规则：董事会成员问的问题不能是要求更多的信息，而是建立在已有信息基础上的问题。这些问题是"是什么阻止我们做这件事""谁对此有问题"或者"需要什么才能在这个问题上达成一致"，而不是"你能告诉我去年第四季度的数据吗"。

为此，劳迪奇纳会确保所有董事会成员在会议之前都能收到所有必要的资料，并让他们有充足的时间提出澄清问题的要求。通过禁止询问信息收集类的问题，他迫使董事会成员进行艰难但富有成效的对话，让他们更明确地阐明自己的立场，并做出决定。作为董事会主席，劳迪奇纳拥有引入这一规则的权力。这条规则的绝妙之处在于，它改变了董事会的交流语言。通过对语言的限制和重新定位，劳迪奇纳创造了一个暂时的别样世界。在这个世界里，人们无法要求更多的信息，每个人都在推动事情向前发展，而不是停滞不前，甚至是倒退。

劳迪奇纳不需要建立一整套规则，就能暂时改变董事会的格局。他能够找出阻碍事物向前发展的行为，并建立一个临时规则来推翻它。

第五章

后勤事务永远不该成为
一场葬礼的开场

THE ART OF GATHERING

HOW WE MEET AND WHY IT MATTERS

在前面几章中，我们探索了如何设定一个聚会目的，并在此基础上做出决定，也讨论了如何选择符合聚会目的的客人和场地，还讨论了作为主人的你该如何找寻自己的声音，从而忠于聚会目的，另外也探索了各种能增添趣味的聚会形式和规则。

然后，那重要的一天终会来临，我们的思路必须从准备状态转为行动状态。你究竟该如何接待这些客人呢？

事先调动

早在活动正式拉开帷幕之前，它就已经开始了。

从客人第一次听说要参加聚会的那一刻起，你的聚会就已经开始了。这听上去显而易见，但事实真的是这样吗？如果真的那么显而易见，主人便不会经常忘记主持聚前活动了。根据我的经验，主人往往在会议正式开始、宾客在婚礼上就座或出席晚宴时，才认为活动刚刚拉开帷幕。事实上，客人早在这之前就已经在考虑、准备和期待你的聚会了。聚会的体验始于客人的"获悉时刻"，所以有规划的聚会组织者从不以活动的正式启动作为起点，而是从"获悉时刻"起便开始担起主持的角色。

从客人获悉聚会到聚会正式开始的这段时间是你事先调动客人的大好时机，一旦错过，杂乱的后勤事务会妨碍你发挥客人的最大功效，以及为他们提供聚会所需服务的可能。事实上，你在聚前时间做的事先调动越少，在聚会过程中等待你的工作就越多。

因为有太多聚会的建议来自美食和装饰方面的专家，而不是促动师，所以这些建议几乎无一例外地把焦点集中在了准备"东西"上，而不是准备"人"上。这些建议使聚前时间被用于对"事务"的安排，忽略了对

“人”的调动；关注了聚会的空间，却忽略了空间里的主体——人。

例如，玛莎·斯图尔特（Martha Stewart）在她的网站上发布了一份“派对策划指南”，其中包括一份面向主人的检查清单，上面洋洋洒洒地列了29个项目，包括必须提前数周完成的事（“选择你想举办的派对类型”），以及派对前几个小时必须做的事（“布置吧台”）。令我感到惊讶的是，只有三个步骤涉及与客人的沟通，而且每一步都与后勤事务有关：信函或邮件邀请；如果是百乐餐，通知客人该做什么菜；跟进那些尚未回复的客人。

此类做法是在圈禁而非调动客人。“在聚会前一天，清洗并准备做沙拉用的各类蔬菜，将生菜沙拉的蔬菜焯水，并用纸巾包起来，放在密封容器中分别冷藏”。建议中的这些对“事务”的准备正是我希望改变的聚会方式的缩影：对生菜沙拉小题大做，却对客人抱有乐观的希望。我们值得拥有比这更好的聚会方式。

《如何在 60 天内策划一场盛事》（*How to Plan a Great Event in 60 Days*）一书的作者也是博主、顾问的拉莎尔·伊斯普（Rashelle Isip）给出了类似的建议。她把聚会的组织分解成“计划一个很棒的聚会或活动所需的 10 份清单”，包括“主题清单”“预算清单”“装饰清单”“音乐播放清单”等。这些建议很不错，但无一例外地都侧重于后勤事务，而不是事先调动客人。这里并不是说这些后勤事务不重要，它们绝对重要，我只是纳闷，类似的这种建议和指南居然如此无视让客人做好准备的重要性。

让我们将这种方法与在聚会之前关注“人”的准备（而不是生菜沙拉）进行比较。

伦敦的一位著名戏剧导演菲利克斯·巴雷特（Felix Barrett）在订婚4 个月后收到了一封信件，内含一把钥匙，信封上写着“未完待续”。然而在之后的好几个月里，他没有收到任何其他消息。“这是一种幸福的折磨。”他后来说，“整个世界突然变得更加真实，一切都笼罩在神秘之中。”

巴雷特对这种神秘的经历并不陌生，但之前一直是他主宰和控制着局面。作为英国一家沉浸式戏剧公司 Punch Drunk 的艺术总监，他大胆的互动戏剧表演形式震撼了他所在的戏剧领域。他执导的《不眠之夜》（选自莎士比亚四大悲剧之一《麦克白》）在纽约上映时，观众在入口就需要上交一切随身物品，并和伙伴分开。另外，你会领到一个在演出过程中佩戴的白色面具、一小杯烈酒，以及一份请柬，邀请你去切尔西的一个五层楼高的废弃仓库探秘。

真是风水轮流转，现在轮到巴雷特了。在收到第一封信后，他终于盼来了翘首以待的第二封信："现在我们可以开始了。"一个手提箱送到了他的工作地点。他后来告诉《纽约时报》，他在箱子里发现了潮汐表、地图坐标和一把小铲子。他循着地图坐标来到泰晤士河的岸边。在那里，他在一个电脑屏幕上发现了一个装满单词卡片的盒子。这些卡片提示他，如果他完成了一系列的挑战，他将被纳入一个神秘社团。

几个星期以来，他一直收到奇怪的报信者发来的各种奇怪的提示：陌生人、猫项圈上的文字、偏远度假胜地的信件。每个提示都包含了一种挑战。如果他想要加入这个神秘社团，他就必须完成这些挑战。巴雷特不愧是巴雷特，他悉数照办了，不是今天跑半程马拉松，就是明天用绳子在两艘船之间攀高爬下，每次挑战成功都让他更接近那个秘密社团。

突然有一天，他被蒙眼绑架到了一个旧庄园。在那里，他受到了 30 个穿着连帽长袍的人的欢迎，他们是他最好的朋友。而他，是在自己一生仅一次的单身派对上。

在组织巴雷特的单身派对时，他的朋友很清楚两件事。首先，聚会早在客人进门之前就开始了。可以说，聚会的时钟从客人获悉聚会的那一刻起就开始计时了。其次，对巴雷特来说，自从收到信封里的那一把钥匙起，他就踏上了参加聚会的旅程，也是从那一刻起，他的朋友就一直在招待着巴雷特。他们招待他的方式将决定他出席聚会的方式。

90% 法则

我在冲突解决领域的一位同事曾教给我一个令人终生难忘的原则：

90% 的聚会成功的因素都出现在聚会真正开始之前。

　　兰达·斯利姆（Randa Slim）是华盛顿特区中东研究所二轨对话项目（Track Ⅱ dialogue）的负责人。她在黎巴嫩内战的创伤中长大，后来移民到美国，并在夏洛特的北卡罗来纳州立大学攻读社会心理学博士学位。此后，她成为一轨半外交和二轨外交的主要实践者之一。这种外交方式由现任和前任官员，以及来自冲突各方的有影响力的普通公民以个人身份参与对话。这种通过比官方谈判更坦诚的交流是对官方外交的一种补充。在过去 20 年中，斯利姆主持了中东地区多个最具宏大目标的群体对话。其中一个项目是一个对话系列，她邀请了来自美国和欧洲的领导人，以及阿拉伯伊斯兰世界和世俗反对派的领导人。该群体每年举行 3 次会议，每次 3 天，为期 3 年，目的是建立信任，为两国之间的新关系寻找基础。该群体由 20 名极具影响力、能影响政府决策的公民组成，但他们有作为个人进行发言的自由。

　　在拿到签证、确定议程以及确保所有人都登上飞机之前，斯利姆用了 2 年往返于中东各地，利用自己的人脉、崇高的信誉和流利的阿拉伯语来确定合适的来宾，并帮助他们为对话做好准备。有时她会与潜在的参与者坐几个小时，与他们的家人一同品茶，以此来建立信任；有时她则必须说服政党领袖推翻禁止与前美国官员会晤的既定政策。她不远万里来到有争议的领土上以展示善意，证明她愿意为之冒险，就像她要求客人做的那样。两年来，斯利姆一直致力于为与会者争取政治许可，并使他们为即将到来的对话和安全做好准备。她知道对话者信任她是多么重要。"你需要从一开始就强化对话者的信任，信任你永远不会对他们胡说八道，永远不会许下你无法兑现的承诺，你会一直对他们坦诚，也不会别有企图。"她告诉我说。这就是她所说的"90% 的聚会成功的因素都出现在聚会真正开始之前"的道理，她称之为"对话前的对话阶段"。

　　大多数人都不会为了准备一次聚会而用两年在中东各地飞来飞去。我告诉你斯利姆的故事不是建议你模仿她的做法，而是为了说明那背后的哲学值得我们学习。

从这个例子中我们可以看到，你对客人要求越高（比如让别人长途跋涉来参加你的聚会），你就越应该在聚前阶段投入更多的精力，考虑得更周全。在聚前阶段，你需要做的第一件事是，根据你要求客人所承担的风险和所付出的努力，你应该给予客人相应的照顾和招待。

第二件事是，你应该在一开始就让客人清楚你需要他们做出哪些特殊行为。如果你正在策划一个公司的头脑风暴会议，希望大家能发挥创造力，那么请思考你可以如何事先调动他们，让他们从一开始就变得大胆和富有想象力。或许你可以提前几天给他们发一篇关于"释放你最疯狂想法"的文章。又或许，如果你计划在公司里进行一场关于"导师制"的会议，并且需要大家以不设防的状态参会，那么你可以提前发一封内含3位高管肺腑之言的电子邮件，讲述在他们职业生涯的关键期，导师是如何起到变革性作用的。在斯利姆的例子中，她知道自己需要参与者表现出近乎非理性的信任。他们必须相信这个过程，相信她，相信对方对话者的人选，相信他们回国后不会有任何可怕的事情发生。斯利姆绝不能在他们出席后才开始建立他们的信任感，届时一切为时已晚，而她需要在聚会前就培养这种信任。

第三件事是，无论是在中东和平对话中，还是在周末的舞会上，每次聚会都能从客人出席时的期待和精神状态中受益或受损。比如，当客人闷闷不乐，只想要静静地交流时，舞会就很难开始。同样地，作为一个工作会议的主持人，你希望员工能够有一次坦诚的对话，分享他们的真实经历，但如果他们在出席时表现出愤世嫉俗或自我防卫，这个目标就很难实现。当然，你可以试着在客人出席时再去调整他们的情绪，但需要更多的精力和技巧，而且会打扰聚会的时光。所以，最好在聚前阶段就做好这些准备工作。

事先调动并不难做

切勿以为你必须成为一名和平谈判代表才能很好地组织聚会，其实一封经过深思熟虑的电子邮件就可以满足你主持聚前活动的需要了。事先调动可以很简单，比如一个颇为有趣的邀请；也可以很坦率，比如直接让你的客人做一些事情，而不是带一些东西。

以米歇尔·拉普莱斯（Michel Laprise）为例，他是一名演员和戏剧导演，曾与麦当娜（Madonna）合作过 MDNA 巡演和超级碗（Super Bowl）中场秀，现为太阳马戏团（Cirque du Soleil）的导演。一年冬天，他决定在繁忙的巡演季之后在家里举办一次年终聚会。可事实上，他甚至挤不出时间去装饰他的圣诞树。他匆忙地给客人发了一封电子邮件，请他们发两张能记录过去一年快乐时光的照片。

当天晚上，客人一进门就发现一棵圣诞树上装饰着 24 张被剪成小圆圈的照片，定格了他们最欢乐的瞬间：在海里浮潜，站在挂着"出售"标志的房子前，穿着全套杂技服装准备登台表演。他们围着圣诞树喝着鸡尾酒，惊羡于彼此的那些闪光时刻。拉普莱斯回忆说："突然间他们不再是陌生人或同事，私人情感开始涌现，这为愉悦的夜晚开了一个好头。"

拉普莱斯说："人们觉得自己受到了欢迎。对于我们所有人而言，有他人分享我们的快乐是很重要的。"他没有明确主张当晚的主题，只是简单地要求"带一些代表幸福的东西来"，而这"开启了整个夜晚的欢乐"。

通过在最后一刻把握时机发出电子邮件，让客人发送两张自己的照片，拉普莱斯已经开始在聚前阶段招待自己的客人了，而不是守株待兔地等到晚餐正式开始。拉普莱斯要求客人找出过去一年的照片，也是在迫使他们反思自己的一年。通过要求客人在出席之前先仔细回顾这一年的快乐时光，他很好地事先调动了他们庆祝圣诞节的状态，即一种他希望客人在进门时所拥有的心理状态。

圣诞树上的这些照片引发了大家对过去一年的讨论并在晚餐时继续谈论着生活中的闪光点。"这是一个充满快乐的圣诞节。"拉普莱斯说。而这一切都归功于他那封电子邮件所起到的简单又明确的调动作用。

拉普莱斯明白我们许多人所忽略的：要求客人提前为聚会做贡献将改

变他们对聚会的看法。许多人经常会要求客人带上一瓶葡萄酒或一份配菜，却很少会考虑还有别的事情是能要求客人在聚会前做的。我们很少效仿拉普莱斯的做法，让客人去做一项实际上并不算是任务的事情，以试图让他们进入状态。

在与不同的公司的合作中，我总会在聚会前向参与者发送一份电子"工作簿"，让他们填写好并交还给我。我会根据聚会的目的和需要客人提前思考的问题重新设计每份工作簿。工作簿包括 6～10 个问题供参与者回答，并需要在聚会前发还给我。在一次主题为"大学教育的未来"的聚会上，我问了这样一些问题："在 20 岁之前，哪个瞬间或经历从根本上影响了你看待世界的方式"以及"世界上有哪些机构正在采取大胆而有效的方法来教育下一代的全球问题解决者？我们能从他们身上学到什么"。在一次关于重新思考国家贫困项目的聚会上，我问了这样的问题："你对面临或接触贫困的最早记忆是什么"以及"我们的核心原则与 50 年前有哪些异同点"。在一家科技公司被合并后的高管聚会上，我的问题包括"你为什么加入这家公司"和"你认为这个团队需要解决的最紧迫的问题是什么"。

在每个工作簿中，我都试图在问题中嵌入两种元素：一是有助于他们建立连接、记住自己的聚会使命；二是能鼓励他们坦诚分享自己所面临的挑战。这些工作簿的作用与大学申请信类似，不仅能让我对这个人或这个群体的动态有一定的了解，还能帮助这个人或这个群体在参会之前深刻反省自己所看重的东西。之后，我会根据他们所有人的回答来设计当天的活动，并会将他们在工作簿中的回答引用到正式开始会议中。

工作簿还有另一个作用：在不经意间，甚至远远早于我们的相聚，它在我和每个参与者之间建立了一种联系，使我到现场后的工作变得容易得多。通过制作工作簿并发送给参会者，我向他们发出了参与的邀请。通过填写和返还工作簿给我，他们接受了我的邀请。早在我们迈进那扇门的很久之前，我们之间的关系和信任就已经萌发了。

聚会是一种社会契约

　　事先调动很重要。因为聚会是一种社会契约，而契约的起草和默认正好发生在聚会之前的这段时间。

　　之所以说聚会是一种社会契约，是因为它源于主人和客人之间的一种理解，有时这种理解是隐式的，有时又是明确的，即双方都愿意为聚会的成功付出努力。换句话说，所有的聚会都伴随着期望。客人期望主人能够遵守日程安排或提供食物；主人期望客人能做好准备工作，带着好点子而不是三个堂兄弟一起来，能尽情热舞，并带动全场气氛。通常这些期望是无言的，但是当人们聚集在一起的时候，它们却如影随形，而对这种期望的隐式理解就是一场聚会的社会契约。

　　正如聚会目的一样，这种社会契约的基本假设往往会因为冲突和不满而被揭露。在阿斯彭（Aspen）的一次会议上，我的一群朋友在吃完晚饭后愤愤不平地回来了，因为他们认为聚会违反了社会契约。在某人家里举办的一场大型社交晚宴却在进行到一半的时候，被主人变成了一场关于工作项目的头脑风暴会议。晚宴上的许多客人既不是业内专家，也不乐意在漫长的一天结束后继续"工作"，而且还突然被期望成为顾问。我的朋友都是非专业人士，却需要帮助主人做出业务决策，他们惊觉这其实是一场"鸿门宴"。尽管这顿晚餐是主人掏腰包，但客人还是觉得被利用了。你永远都不会希望你的客人抱怨："嘿！我可从来都没想过要参与这档子事儿。"

　　面对聚会的社会契约，我们往往是雾里看花，即使我们在履行它的命令，比如你可能认为你参加的上一次晚宴并没有社会契约，但你是不是带了1瓶葡萄酒或6瓶啤酒或一些甜点呢？如果是，那又是为什么？这就是社会契约在起作用。这种隐式的社会契约实在有点儿粗鲁，令人难以启齿：主人为你做饭，你就该帮他们承担一点儿招待费。类似地，社交活动的社会契约可能是这样的：我支付45美元参加这个活动，作为回报，你要确保我在这里能遇到比我在当地酒吧遇到的更好的人。聚会的社会契约回答了这个问题：我愿意付出什么（身体上的、心理上的、经济上的、情感上的和其他方面的）来换取我期望得到的东西？

　　主人的责任之一，就是从"获悉时刻"开始起草这份社会契约。首先，主人有机会设计活动。这就是你具体的、独特的聚会目的发挥作用的时候了。在一场葬礼上，我们是聚在一起"庆祝和纪念"，还是聚在一起"哀悼和怀念"？这些不同的聚会目的决定着葬礼的不同类型，以及客人的情绪和行为。从邀请函的第一句话开始，你就有机会让客人为你所期望的出席方式做好准备。

　　主人还可以设定聚会的背景。我曾被邀请参加第十六届年度 Agrapa-looza 活动，在朋友父母的家里，活动延续了化装游戏和醉酒才艺表演的夏季传统，我感觉自己被请进的是一个世界，而不只是一场活动中。几年前，我应邀参加了一个逾越节家宴，主人表示这次家宴对她具有特殊意义，因为这是她第一个没有母亲的逾越节。从获悉这一信息的那一刻起，我就被调动了，理解了这次聚会的情感旋涡。事实上，正是通过设定聚会背景，你才使得客人首次了解逾越节原则（了解今夜与众不同的原因）。

　　不管你是否愿意承认，在起草这一契约时，主人还可以阐明聚会的许多基本协议。我绝不是主张让聚会变得有交易性质，相反，如果没有某种隐含的协议，聚会就是天方夜谭。如果协议没有经过精心设计，而人们对彼此的期望与其自身愿意给予的不一致，问题就会出现，就像在阿斯彭的那个晚上一样。如果你没有知会大家你会向他们咨询业务建议，没有告诉大家他们的手机会被没收一整天，没有提醒大家他们会因为一个问题而需要分享一则自己的故事，你往往会遇到阻力，甚至更糟。相信我吧！聚前准备的部分工作就是找到一种方式，让客人了解这次聚会的要求和期望，不管是隐性的还是明确的。

　　有时，当我和客户或朋友谈论聚会的社会契约时，他们会强烈反驳：聚会的神秘感和惊喜感呢？你要我把一切都说清楚吗？事实上，你根本不必认为非得把事情讲清后才能事先调动你的客人，让他们做好准备。巴雷特的朋友当然没有寄给他一份合同，让他在上面签字，并通知他日后会被绑架。然而，每走一步他都能感受到即将发生的事情，并能够有意识地做出继续前进的决定。每一步、每一项任务、每一次前进都是他决定是否继续的一种方式，是否愿意接受呈现在他面前的虚无缥缈的社会契约。

为聚会起名

该如何利用聚前时间来起草社会契约并设定客人的期望呢？机会就出现在"获悉时刻"——收到邀请函。

当我们给别人发送邀请函时，太多的人把太多的时间浪费在无关紧要的细节上。邀请函是凸版印刷还是雕刻，是用电子邮件还是无纸邮寄，是黑白还是蓝白……这很符合玛莎·斯图尔特的风格，将对"事务"的准备提升到对"人"的准备上。

邀请函最重要的功能是向客人传达关于聚会的信号，以及对他们的要求。向客人发出信号的其中一种方式就是给聚会起一个特定的名称。

你为聚会起的名称会影响人们对聚会的看法。聚会名称既可以体现活动目的，也可以让客人知道自己的角色和被期望的参与程度。如果你要举办一场半天的会议来讨论一个新策略，那么你会称之为"会议""研讨会""头脑风暴会议"，还是"创意实验室"？在这些名称中，"头脑风暴会议"意味着比"会议"更深入的参与。我后来才意识到，"我心在此"日能成功正是因为我们给它起了这个名字，让人们知道我们最需要他们做什么：此时此刻他们的身心俱在。

雷切尔·格林伯格（Rachel Greenberger）是马萨诸塞州巴布森学院（Babson College）的一名管理人员。她不想把工作时间称为"办公时间"，因为这听起来像是一种义务和一种单向交易：学生向教授寻求帮助和指导。格林伯格当时正在策划一个美食项目，希望帮助学生相互联系，而不仅仅是和她联系。于是她决定把每周工作时间命名为"社区餐桌"。随着时间的推移，这个聚会开始变得"会如其名"，学生会带着烘焙食品和笔记本来上课。"社区餐桌"的想法也出乎意料地被复制到了纽约。每个月，对美食感兴趣的企业家、学者、活动家和学生都会围坐在一张桌子旁，交流想法，构建一个社区。

在工作中，我不把自己的会议称为"研讨会"，而称它们为"愿景实验室"。使用"愿景"这个词是因为我希望帮助人们弄清楚他们对工作、公司或生活的愿景，而"实验室"则意味着实验和可能性，这对整个过程至关重要。这个名字让人们的出席方式有了微妙的变化。因为不确定愿景实验室是什么，他们显得很开放，也很好奇，而这正是我需要他们所具有的一种行为状态，从而让我以一种有意义的方式帮助他们。

名称可以帮助客人决定他们是否愿意以及如何融入你所创造的世界。伊芙·比德尔（Eve Biddle）是纽约北部一个名为瓦萨克项目（Wassaic Project）的创意社区的联合创始人。她在自己负责的一个住院医师实习项目中举办了一个名为"艺术家混音师"的活动，也因此吸取了一个教训。人们没有赴约，她不解地问了几个艺术家其中的原因。他们说，这个名字听起来"太书呆子气"，他们可是艺术家拥有自由的灵魂。在听到这个意见后，她把这个夜晚改名为"欢乐时光"，出席人数果然大幅增加。一个简单的名称变换，改变了人们认为的聚会组织者对他们的看法，以及聚会组织者对他们的期望。

除了名称之外，邀请函中的语言也蕴含了很多事先调动客人的机会。这种语言并不局限于文本，它可以由图像和视频组成或进行辅助。不管用什么媒介，事先调动的目的是向人们传达你所期望的聚会基调和情绪。当迪士尼公司发出《星球大战：原力觉醒》（*Star Wars：the Force Awakens*）首映式的请柬时，它向来宾保证："我们会为你的陆上飞艇、沙漠爬行者和其他交通工具提供停车位。"就这么简单，这次聚会将会趣味非凡，而且是为那些生活在星球大战中、呼吸着星球大战气息的忠实粉丝准备的。

在前几章中我们提到的戒律，深思熟虑地排除，以及提前明确地告诉客人应该增加或取消某些事和人，有助于帮助客人为即将到来的事情做准备。举个例子，纽约布鲁克林的一个通宵舞会的邀请函上写着这样一句话："就像我们常说的……带上你性感的单身朋友，将婴儿车留在家里吧，这可不是公园坡派对（指这个城市最以家庭为中心的社区之一）。"这不仅仅是一条平淡无奇的信息，它其中蕴含的细节让客人知道该如何为出席聚会做准备，即使是没有孩子的客人也明白了这条信息的含义：今晚注定狂热。

软硬兼施

邀请函仅仅是一个开始。在"获悉时刻"之后，你必须维持住那一份兴奋感。即便邀请函已经完成了自身的使命，你也有许多机会继续与客人保持联络，并不断地调动他们。心思缜密的聚会组织者很重视这些时刻，能充分利用这些时刻来设定聚会的基调，确保客人不会掉链子。

我曾在一次会议上目睹过这份坚守，而这次会议有一项艰难的任务：吸引高层政府官员前往底特律，并要求他们为此次会议进行大量阅读的准备。那是 2009 年的一个工作日，我在白宫社会创新与公众参与办公室的老板收到了一个包裹。会议组织者给她寄来了一款全新的、装载齐全的 Kindle 阅读器，内含她需要完成的所有阅读材料。当时，Kindle 阅读器仍然是一个相对较新的产品，我的老板应该从来都没有使用过。她每周都会收到数百封信件和数千封电子邮件，经常要到晚上十点以后才能离开办公室。事实上，在报名参加这个会议之前，她的阅读任务就已经堆积如山了。随着这份包裹一起寄到的是更繁重的阅读任务，她却看着 Kindle 阅读器微笑。通过提前把所有的阅读材料发给她，并以一种巧妙的方式把材料汇集在一起，组织者是在要求她履行她的义务，完成阅读。而通过寄送 Kindle 阅读器这个小小的心机，他们成功地吸引了一位日理万机的女性的注意力，并发出了"这一次不一样"的信号。

当主人的要求很高或客人特别不情愿配合时，这种事先调动就显得尤为重要。《纽约时报》的记者莎拉·莱尔（Sarah Lyall）曾这样描述自己：

> 我们每个人都有一份反遗愿清单，上面列有去世前不想做的事情。我的清单包含着任何可能让我在公共场合丢脸的活动。穿戏服，在众人面前慷慨陈词，玩转瓶游戏，跟着欢快的节拍鼓掌，行进，吟诵，拿着麦克风即兴讲话，让自由意志屈服于更强大的力量，装腔作势以及翻筋斗……避免这些事情已经成为我的一份事业。

对此有共鸣的人可能会对我组织的聚会生畏。这并不代表不能举办这种聚会，或者有这种倾向的人只能接受或放弃，或者根本不该被邀请。这意味着你的一些客人会告诉你他们所反感的事，而如果你想要求他们做任何事，就必须将你的想法和要求直接说清楚，并从"获悉时刻"开始就细心关怀他们。

引　　导

在事先调动、筹备聚会和聚会真正开始之间，还有一个常常被忽视的步骤：引导。在众多聚会中，引导你的客人跨过一道隐喻的门槛，离开广阔的世界，进入你的小王国，对他们是有裨益的。

我并不是建议你把下属打到下一次的第四季度会议上。（这样做既令人尴尬，也可能违法。）引导客人跨过门槛听起来亲密而严肃，你必须悉心管理好这种过渡，帮助客人融入你费心创造的世界。主人往往没有意识到，在客人到场和正式摇铃碰杯（或其他开始仪式）之间，存在未被利用的时间间隙。充分利用这片真空地带吧！

管理好入场对聚会而言很关键，因为没有人会是白纸一张地来参加你的聚会。小明要连续开七场会议，如果第四场很糟糕，他就会心烦意乱、精疲力竭地去参加第五场会议。为了让女儿准时参加篮球训练，小梅在拥堵的道路上如蜗牛般缓慢前行，之后去教堂参加了星期四的教会小组。就在参加成人礼之前，小丁收到了老板发来的短信，称季度业绩不及预期。如果你不为这样的客人开辟一条进入聚会的通道，他们就会在聚会最关键的时刻——聚会开始的时候心神不一。

通道和门口

帮助人们从另一个世界抽离出来并进入你的世界的一种方法是，让他们经过一个通道，实体的或隐喻的都行。

正是因为有许多人都极力想避开公共参与，浸入式和参与式戏剧才如此善于打造这样的通道。对于那些简单得多的晚餐、会议和教会小组，我们能从它们身上汲取什么经验呢？

Third Rail Projects 是一家总部位于纽约的戏剧公司，非常善于创造通道。为了了解它为何能如此迅速地为客人创造一个别样的世界，我参观了它的两场演出——《大天堂》(the Grand Paradise)和《坠落的爱丽丝》(She Fell)。在这两场演出中，导演都为观众打造了实体的通道，帮助他们在演出真正"开始"之前消磨时间。《大天堂》讲述的是 20 世纪 70 年代末一个日渐衰落的热带度假胜地和那个时代的文化价值观。在我们进入这个"度假胜地"之前，迎接我们的是一位"热情洋溢的活动总监"，并给了我们一个花环和一杯热带饮品。然后我们被挤进了一间狭小而封闭的房间，里面的设施看起来就像一架飞机内部的设施。一位"空乘"和我们头顶上的电视屏幕告诉我们，当我们被释放到"天堂"时我们可以做什么，以及应该怎么做。《坠落的爱丽丝》的浸入式体验的灵感来源于刘易斯·卡罗尔(Lewis Carroll)。演出被安排在一个废弃的仓库里，15 名观众先和一位"医生"坐在一个小型的接待区里，并收到一颗看起来像野格酒的"万能药"和一串由黑线系在一起的钥匙。主管医生迎接了我们，并解释说这个房间是一个"衔接空间"，我们即将进入另一个世界。

在这两场演出中，这种极具魔力的引导被清晰地和实际演出区分开来。在我们眼里，真正的表演还没有开始。但是创造者明白，他们希望塑造观众的整体体验，而一切已悄然在正式开始之前就拉开了序幕。基于同样的理解，当今最著名的表演艺术家之一玛丽娜·阿布拉莫维奇（Marina Abramovic）创造了一种可复制的方法，帮助观众从外部世界过渡到她的表演中。

行为艺术被现代艺术博物馆定义为"以艺术家的身体作为媒介，而其行为是艺术作品"的现场活动。相比于其他艺术形式，这种艺术形式更加关注观众和艺术家之间的关系。阿布拉莫维奇因为1973年的《节奏0》（Rhythm 0）等表演作品而闻名。在这个作品中，她把72件物品放在一张桌子上，其中包括一把只有一颗子弹的枪，供观众随意把玩。最近，在她的作品《艺术家在此》中，她坐在椅子上连续736.5个小时，而任何人都可以坐在她对面的椅子上，静静地望着她的眼睛。在她的每件作品中，她就像一位明智的主人一样，对观众塑造聚会的能力心知肚明，洞若观火。

多年来，阿布拉莫维奇创造了"阿布拉莫维奇音乐法"，这是一种让她的观众为这些表演做好准备的方法。在阿布拉莫维奇音乐法中，观众在入场前必须将所有的随身物品（包括手机）放入一个储物柜中，然后戴着降噪耳机安静地在椅子上静坐30分钟，以隔绝一切让我们无法身心集中的噪声和干扰。她把这段时间作为感官的清洗剂。"沉默使他们为接下来的体验做好准备。"她告诉我。

在公园大道军械库（Park Avenue Armory，纽约市的一个大型表演场地）举行的一场演出中，观众静静地坐着，看着钢琴家伊戈尔·勒维特（Igor Levit）和他的钢琴来到舞台中央。30分钟后，锣声响起，示意观众可以摘下耳机。至此，勒维特才开始演奏第一个音符。一位嘉宾后来向我描述了静默的30分钟的不同阶段：起初，人们需要努力适应这种静坐模式，有很多人会扭来扭去。然后就是一片平静和安谧。中间，你会对演出产生强烈的期待和盼望。在沉寂的期待中度过了如此漫长的一段时间之后，一位评论家将咏叹调的开篇音符描述为"催眠般的惊叹"。这无疑和人们与外界隔绝了 30 分钟，准备以一种不同的方式聆听音乐有关。

在阿布拉莫维奇 70 岁生日聚会上，她邀请了数百位朋友和同事到古根海姆博物馆参加庆祝活动。在步入现场的那一刹那，你会看到一排身穿白色实验服、手拿小镜子和金箔的女士安静地立正欢迎你。我被领到一群女士面前，她们递给我一张金色的贴纸，并指了指我的嘴唇。我环顾四周，发现其他客人的嘴巴上都蒙着一块长方形的金色贴纸。我拿起贴纸，照着她们举起的化妆镜，把金箔贴到了嘴唇上。然后，我在这群女人的引导下安静地落座，并戴上了耳机。我不明白这一切的含义，我也不需要明白。阿布拉莫维奇把握住了活动开始之前的时刻，为每位宾客创造了一个开场仪式，而不是任由客人像以往的聚会一样漫无目的地乱转。头戴耳机，嘴覆金箔，我似乎进入了一个秘密组织。虽然我感到有些畏惧，但我确实佩戴着属于那里的标志。

当我问阿布拉莫维奇关于她创造的这些通道时，她简单地说："我想让他们从舒适区里抽离出来，进入一种新的体验。"她发现，除旧才能纳新，人们才会更乐于接受新的体验。

现在我明白了，你可能不愿意强迫你的客人进入一条长达 30 分钟的沉默通道，或者在他们的嘴唇上贴上金箔，但是在你和客人一起跨过起点线之前，你可以用很多小方法来创造一个门槛、一个停顿。另外，你无须是一个杰出的戏剧制作人也能胜任这项工作。帮助人们从一种状态过渡到另一种状态的想法根植于传统社会的许多仪式中。这就像医生在她走进办公室时脱掉夹克，穿上白大褂一样。无论是穆斯林在祈祷前洗净手脚的仪式，还是日本茶道中脱鞋的传统，都彰显了这一点。现代聚会的唯一不同之处在于没有一种既定的"通道"，所以你需要创造它。创造通道最简单、最自然的地点之一就是门口。

阿里安娜·赫芬顿（Arianna Huffington）是一位迷人而富有争议的女性，这要归功于她在政治、媒体和健康领域的工作。不管你怎么看她，她都是一个优雅而娴熟的聚会组织者。2013 年，她主持了一场探索健康理念的会议，而这些理念最终让她创立了新公司 Thrive。她选择在自己位于曼哈顿 SoHo 区的客厅里举办这个活动。这本质上是一场商业会议，许多参会者彼此素昧平生，然而赫芬顿却像婚礼迎宾员一样迎接他们。一大早，她就亲自站在门口半个小时到一个小时，与每位到场的客人寒暄问候。她既没有把这个差事交给办公室主任，也没有委托给她的女儿，而是身体力行，亲力亲为。正因如此，她为这一天的活动定下了基调。她是在说：是的，我们是来开会的，但我们不必表现得像开会一样。这是我的家，你们是我的客人。

当年在我的小姑子结婚的时候，她未婚夫的远亲都乘飞机来参加庆祝活动，在婚礼前的一个星期五晚上，所有人都应邀到我婆婆家参加聚会。当大巴车在门前停下，所有人都穿着华丽的服装走出车门时，我和我的丈夫自发地站在门口，和几十个姻亲一一致意问候。这个小小的欢迎仪式实际上创造了一个双方家人见面的时刻，不是在仪式结束或仪式期间，而是在仪式伊始。这一举动加深了我们之间的亲密关系，也产生了一种我们可以随时靠近他们的感觉，而且我们很多人都这样做了。这是部落建设的第一步，且发生在聚会伊始。

心理门槛

就像我之前提到的那些纽约戏剧表演一样，有时候并没有一个实体接待室；有时候站在门口和每个人打招呼是不可行的；有时候引导工作必须是心理上的而不是身体上的。我的朋友，喜剧演员巴拉通德·瑟斯顿（Baratunde Thurston）就在这一点上做得很好。

瑟斯顿邀请到布鲁克林啤酒厂主持一场喜剧活动，一半是募捐仪式，一半是派对。当天晚上，那地方空旷、喧闹、嘈杂，挤满了人和啤酒。我可以看出，他陷入了困境。那里没有舞台，甚至连个高架台都没有。酒过三巡后，大家都和朋友扎堆在一起，他们看起来完全不想被打扰，连音乐也淹没不了谈话的音量。更糟糕的是，现场的大多数人不知道巴拉通德·瑟斯顿是谁。即使他拿起了麦克风，也不管用，没有人愿意停下来去听一个陌生人讲笑话。

瑟斯顿既没有对着人群大喊大叫，也没有开始他的独白，希望有人会同情他，听他说话，而是本能地进入了引导模式。这不是他的一贯作风，想必是这些喧闹的人让他意识到不得不做出某种转变了。瑟斯顿拿起麦克风（他那唯一可识别的权威形式）交给一群朋友中最活跃的人，让这个人对着麦克风说出自己的名字。在这个人做完自我介绍之后，瑟斯顿邀请房间里的每个人向这个人问候并鼓掌。然后以此类推，瑟斯顿抓住五六个最喧闹、最亢奋的家伙，戏谑地与他们开玩笑，弄得他们猝不及防，然后巧妙地邀请他们支持他的使命，从小团体中脱离出来，成为全场听众中的一员。不到 90 秒，他就引起了整个房间的注意。这下他终于可以走回房间中央，开始他的表演了。

你作为一个聚会组织者无论被给予了什么样的环境，你都可以问自己，如何才能创造出这种转变，创造出一条与外部世界隔绝、能够吸引人们注意力和想象力的通道？如此，你就创造了一条起点线。更重要的是，你在帮助你的客人一起跨越这条线。

回想一下巴雷特的单身派对，他的朋友无论是在事先调动还是引导方面都做得很出色。他们用便笺和任务调动他，使他时刻警惕着下一件事，并且越来越意识到隐约可见的诱惑。他们没有在聚会正式开始前的关键时刻抛弃他，而是通过把他绑架到现场对他进行引导。虽然我不是在建议你绑架客人，但就像那些单身派对的促动师一样，你要为聚会开始前的所有时刻做好准备。因为开始前的那一刻是一个门槛，横亘在人们所脱离的世界和你创造的世界之间。面对这段时间间隙，我们很多人都会错误地认为

"这不重要"。其实，这很重要。

在日常聚会中，它可以是简单地点燃一根蜡烛或做一个欢迎公告，又或者同时为每位客人倒一杯特制饮料，但从客人到场到聚会正式开始之间的最后过渡期，是一个门槛时刻。在第一声雷鸣和第一颗雨滴之间，期待感迅速膨胀，交织着希望和焦虑。在那个开始时刻，是时候给他们一个信号了：一个神奇的王国在此，欢迎你的到来。

错失的机会

当聚会没有做好引导时，它们往往会浪费自身的潜力。以一场狂热的政治集会为例，它本可以更进一步超越自我。

2016 年 4 月 6 日，佛蒙特州参议员、民主党总统候选人伯尼·桑德斯（Bernie Sanders）在费城举行大规模集会。排队等待加入"相信未来"集会的队伍环绕了整个街区。出于安全的考虑，在这位候选人出现之前，许多人在体育场等了将近三个小时。当我听到这个消息时，我认为这是一个多么不可思议的集会机会啊。三个小时的引导不仅可以用来为当天的集会做准备，还可以进一步推动伯尼·桑德斯运动，但事实上这一切并没有发生。

相反地，成千上万的人坐在有 10 200 个座位的体育场里干巴巴地等着时间一分一秒地过去。外面的世界已暂时成为过去，还要再过几个小时正式活动才开始，却没有人为这大段时间间隙设计一种过渡和喘息，即使对一个本会欣然接受一切的铁杆粉丝来说也是如此。根据我和众多组织者合作过的经验，我很清楚这些人为什么让这段时间留了白：在他们的意识里，活动还没有开始，这段时间不属于他们的"脚本"范围，而是留给安保人员的，并不是主办方的责任。

让我们想象一下，在这段时间里我们可以做些什么。几千名桑德斯的粉丝，数个小时和没有候选人的现场……他们本可以让一些志愿者充当促动师的角色，让人们分组坐下来，或者转头和一个陌生人谈谈他们为什么来这里，他们认为这个国家最需要什么，以及为什么认为桑德斯就是答案。观众本可以8人一组分享自己在美国经济分化中处于弱势群体的故事。这段时间本可以被用来发起一场运动。他们得到了成千上万人的全身心关注，却因为在心理上把这段时间定义为"等待"时间而没有充分利用。他们不知道其实自己已经在主持了。

启动

现在，你已经在聚会来临之际帮助客人做好了准备，并在他们到场时带领他们穿过了门槛。但在聚会正式开始时，你应该做什么呢？如何才能让聚会顺利启动呢？

在聚会中，开场是一个被错失的良机。我们往往对开场印象淡薄，但其实根本可以不必如此。毕竟，开场为聚会铺垫了轨道。我曾经拜访过南非歌剧作曲家尼奥·穆扬加（Neo Muyanga），他告诉我，他只需要听任何歌剧的前16小节，便能知悉剩余部分的体系和框架，以及他是否会喜欢这部歌剧。他说："开场小节不可避免地建立了一种范式，运用音量、节拍和旋律等元素来邀请听众暂时远离他们的世俗世界，跳进兔子洞，来到另一个宇宙。"在他讲话时，我意识到这个道理也适用于聚会。无论是否有意设计，开场都向客人传达了一个信号：这次经历将给他们带来什么。

在聚会的最初几分钟里，我们都是尼奥·穆扬加，会捕捉各种暗示并问自己：我对这次聚会有什么看法？我会被照顾好吗？主人紧张吗？我应该紧张吗？这里会发生什么？这值得我花时间吗？我属于这儿吗？我希望属于这儿吗？因此，开场是聚会组织者确立聚会正统性的一个重要机会。

人的注意力会在会议开始时达到最高水平。根据研究人员所称的"认知加工限制"，我们无法记住一段经历的每分钟，但是我们的大脑有效地进行了选择性记忆。研究表明，听众只记得演讲的前 5%、后 5% 和高潮时刻。这一情况同样适用于聚会。然而，我们常常对如何开始和结束毫不在意，权当它是一种事后回想。

请勿抹杀哀悼者的注意力

如果你希望有一个顺利的开场，首先应该改变的是不再以后勤事务作为开端。

我曾经参加过一个好朋友的葬礼。教堂里人头攒动，数百位亲朋好友和同事都聚集在一间漂亮的房间里，纪念这位在业内德高望重、施恩于众的人。人们在就座的时候会互相问候致意。他们中的许多人是通过这位朋友才紧密地联系在一起的，但已多年未见。空气中弥漫着一股浓郁的悲伤气氛，许多人已经在啜泣。这时，牧师缓缓起身，走到房间的前面。

那是一个意义深长的时刻。我们都倾身向前，渴望听到他宽慰的话语。他深深地吸了一口气，望着大家，然后开始说："死者的家人邀请我们随后与他们一道去街边的娱乐中心参加一个接待会。但很遗憾，我被告知场地没有足够的停车位。考虑到只有步行距离，大家最好把车留在这里，然后一起走过去。"瞬间，我们累积的情绪和能量都被驱散了。我们都渴望得到安慰，依偎在一起。时机本已成熟，然后牧师出现了。或许是因为不想忘记这个通知，他把聚会启动的那一刻用来讨论停车位的问题了。这位牧师浪费了一个本可以令人难忘、来凝聚死者的这群亲朋好友的开场机会。可惜的是，他以后勤事务作为了开场。

有这种习惯的并非只有牧师一个人。我们往往认为聚会开始前的那一刻并不重要，所以很多聚会都是从清嗓子开始的。会议的开场可能是："在我们开始之前，停车场有一辆白色科迈罗的车灯还亮着，车牌号是 TXW 4628。"市政会议常常以公告作为开场，高朋满座的高级晚宴会在开幕式上对活动的赞助商表达一长串的感谢。简而言之，这些聚会的开场都受到了这样一种思想的支配："让我们先处理掉一些事情。"我看起来有点儿像在鸡蛋里挑骨头，但为了一场聚会能举办得更成功，我的建议是至关重要的。

开场政治学

对于像葬礼一样的聚会，我猜许多人也许会勉强同意我的看法。从理论上讲，没有人会认为葬礼（或其他私人聚会）应该从后勤事务开始，这是对我们的美好期待的一种辜负。但在其他聚会上，因为有赞助商和需要感谢的人，很多主人因此会说：我别无选择，不得不先从后勤事务开始。

我不认同。我会告诉这些主人：以这件杂事开场无论有多么重要，你都错过了一个让聚会的目的深深烙印在客人脑海里的机会。你向客人透露了一个事实：你其实并不像你声称的那样在乎你自称关心的事情。而这对聚会的目的极具破坏性。

每年，个人民主论坛都会在纽约举行年会。这个大约有 1000 人参加的聚会汇集了核心公民活动家、技术专家、社区组织者、公务员以及其他对民主进程感兴趣的人。2015 年的大会主题是"幻想全人类：公民科技的未来"。组织者之所以选择这个主题，是因为"我们希望把你们带入一个人人都参与的未来，一个我们通过合理利用科技而共同构建的未来，从而为共同的公民问题提供强大的解决方案"。

因此，在那次论坛的开幕式上，当创始人之一安德鲁·拉西耶（Andrew Rasiej）把讲台交给"协办赞助方"的代表（微软的一位高管）做开场演讲时，气氛显得不太协调。

"这有什么大不了的！"你会说。大不了的是：最初的几分钟是人们最需要获得鼓舞的时候。人们会疑惑：这到底是怎么回事？谁有主导权？大家聚集在这里是因为他们被论坛的主题所吸引：民主可以改变，更广大的公民可以参与进来，而不仅仅是有权有势的人。然而，在最初的几分钟里，组织者却反其道而行之，采用了阻碍民主进程和公民参与的方式：用金钱购买特殊通道。让一个企业赞助商做开场演讲，而不是让当地的社区领袖上台做简短发言，这恰恰体现了他们自己迫切想要解决的问题。

赞助商的存在是为了帮助你把活动做大做好，但是当活动的主办方并不是出资人时，活动就存在两个主人：主办方和赞助方。他们的利益并不总是一致的，这种错位可能会在整个聚会中出现，且往往会在聚会的开始和结束时表现得尤为明显。因此主办方必须意识到这样一个事实，即把宝贵的舞台交给赞助商从来都不是零成本或中性的。就像个人民主论坛的情况那样，它可能会使人们对聚会的前提产生怀疑。

如果你需要一些启发来抵制这些赞助商，请参考乔治·卢卡斯（George Lucas）的例子。在拍摄原版《星球大战》时，他想给自己的电影设计一个大胆的开场。美国导演协会对此提出了抗议。当时的大多数电影都是先在片头字幕中出现编剧和导演的名字，以鸣谢电影的创作者，而不是它的赞助商，事情一贯如此。尽管受到了美国导演协会的严正抗议，卢卡斯还是决定完全摒弃片头字幕。这是电影史上最令人难忘的开场之一，他也为此付出了代价。因为他的大胆行为，美国导演协会对其罚款 25 万美元。但他所忠诚的是观众的体验，他愿意为此付出牺牲金钱的代价。你也应该这样。

冷开场

电视节目的创作者常常发现自己和卢卡斯当年的处境一样，有人就想出了一个更能直接适用于聚会的解决方案：冷开场。

"冷开场"指的是直接用一个场景而不是片头字幕来开始一个电视节目。20 世纪 50 年代，导演开始尝试用冷开场来抓住观众的注意力，这样他们就不会切换到另一个频道。《周六夜现场》（*Saturday Night Live*）以一段几分钟的滑稽短剧开场，有时看起来像是新闻或某个节目的节选，随后才在演员的大喊声中宣布"纽约现场实录，这里是周六夜现场"。该节目把冷开场的作用发挥到了极致。这个节目明白，在电视行业，注意力就是一切。一旦你抓住了它，你就可以处理该处理的事，不管是感谢他人还是处理后勤杂事。

当然，每次聚会都有后勤方面的需求。人们需要知道洗手间在哪里，或者哪里可以享用午餐。临时出现的通知或变更是常有的事，但人们不需要在聚会的第一时间就知道这些信息。这并不代表你不需要时间来处理后勤杂事，只是请不要把它们作为开场。冷开场才是王道。

让客人感到荣耀和敬畏

如果你在开场时就把杂事处理完毕了，那么接下来你应该从何处入手呢？回答很简单：你的开场需要的是一种愉快的休克疗法。它应该夺人眼球，既要让客人感到荣耀，又要让他们感到敬畏。它必须在客人的心中根植一种矛盾的感觉，让客人既感到宾至如归，又对能出席这场活动感到敬畏。

在某种程度上，这种荣耀和敬畏的概念在聚会之外得到了更好的实践。小说的作者和酒店大堂的设计师往往非常擅长让观众同时感到受宠若惊和自惭形秽。任何一位作家都会盛情地告诉你，她花了多长时间才精雕细琢出开篇句。问问酒店经营者关于大堂设计背后的理论，他们会告诉你某些微调会带来何种不同。每一件事都有它们自己的专业领域，但我感兴趣的是它们的方法有什么共同之处。当梅尔维尔（Melville）在《白鲸记》中以"叫我以实玛利"（Call me Ishmael）作为开场白时，当四季酒店的大堂用瑰丽奢华的鲜花迎接你时，我相信，这两种情况都令人感到既荣耀又敬畏。

在这些开场中，我们都感到宾至如归，同时感到有点不知所措。我们的注意力被牢牢地吸引住了，正如我们的神经得到了抚慰。当梅尔维尔自信而直接地向读者诉说时，他勾起了一种亲密感，同时又彰显了一股自信的力量。他没有向你解释整个世界，他只是欢迎你进入这个世界。同样，四季酒店的鲜花非常绚烂，可能比你还高大，这让你感到敬畏，让你记住，你在家里并没有这样的生活，但是这些花为你而开，向你致敬。

很少有人比达里奥·塞奇尼（Dario Cecchini）更了解荣耀和敬畏的艺术。塞奇尼是意大利基安蒂帕扎诺村的第八代托斯卡纳屠夫。当你走进一家名为 Macelleria Cecchini 的小肉铺时，你会立刻看到塞奇尼对开场的掌控力。这家肉铺吸引着世界上一些顶级大厨前来朝圣。他几乎会拥抱每个进来的人，无论是陌生人还是朋友。每个人一走进店铺，他就会为那些不知所措的新客人递上一杯葡萄酒和一片涂有猪油的面包。在打烊后的大多数夜晚，他会让 30 个陌生人坐在一张长长的木桌前，旁边是一个轰鸣的烧烤架。在所有人还没来得及享用他准备的食物时，他就把两份血腥的佛罗伦萨牛排举过头顶，咆哮道："是吃牛肉，还是不吃牛肉！"

在塞奇尼的客人中既有他的八拜之交，也有从街上溜达进来的陌生人，他们对他既敬畏又着迷。尽管所有的工作人员都在附近徘徊，塞奇尼还是会亲自把烤肉放到客人的盘子中。他是一位细心的服务员，也是一位意大利名人。他通过与客人交谈来表达对他们的敬意，尽管他可能与他们并没有共同的语言。他绕着桌子走来走去，问候每位客人，与他们握手，停下来听他们讲故事，捏捏脸颊，开怀大笑。塞奇尼在他的肉铺里充满了活力，而这种活力也深深感染了他的客人。塞奇尼是台上的那颗星，也是招待你的主人、你的向导、你的朋友。他的开放和激情唤醒了你的内心。你开始尝试和陌生人对话，冒着小风险问一些意想不到的问题，和你在一家普通餐馆里的表现截然不同。

当你作为主人让客人感到敬畏时，你就在某种意义上把自己和聚会置于客人之上了。当你让客人感到荣耀时，你就把客人置于你之上了。当你像塞奇尼一样同时做这两件事的时候，你会以向格劳乔·马络（Groucho Maro）致敬的方式，让客人既觉得自己是俱乐部的尊贵成员，又觉得自己原本根本不配属于这个俱乐部。

有很多种方法可以实现这种荣耀和敬畏的概念。我曾经有一位名叫苏加塔·罗伊乔杜里（Sugata Roychowdhury）的老师，他在会计课开课的第一天就以一种传奇般的方式点名查勤。他没有低头看名单，然后单调地念着名字，而是在教室里走来走去，与教室里的大约 70 名新生进行眼神交流，一个接一个地指着每个学生，并让他们说出自己（有时相当复杂）的姓和名。我们从未见过他，他也从未见过我们。他凭记忆查点了全班的出勤率，我们被他迷住了。他一定提前了好个小时研究了我们的照片，记忆了我们的名字。经过数小时的努力，他就把聚会的一个陈腐元素转变成了一个戏剧性的开场。

罗伊乔杜里教授创造了一个难忘的时刻，其中包含两个信号：一是他非常关心自己的教学；二是如果我们能专心致志地学习，并按时完成作业，我们会发现他那极具感染力的才华。

千万不要以为你必须是一个著名的意大利屠夫或一个能够记住大约 70 个人的名字和面孔的会计教授才能给客人带来荣耀和敬畏。下面这个关于荣耀和敬畏的故事，就发生在最平实的情境中。

我邀请了我妹妹和妹夫来吃午饭。他们住在华盛顿特区，我和我的丈夫不常见到他们。某个周末，他们碰巧去新泽西探亲。

在他们预计到达的 10 分钟前，我的丈夫发现我还没有摆好桌子，对此他大惑不解。在我心里，我们邀请的"只不过是劳伦"。和一个至亲吃一顿便饭犯不着正儿八经地准备。我认为等妹妹来了以后，我们一起摆桌子是一种亲密感的体现。但我的丈夫认为，我们应该让劳伦觉得自己很特别，并坚持要事先布置好桌子。在我们摆好桌子的一分钟后，门铃响了。是他们！在走廊我们彼此拥抱后，劳伦走进餐厅，脸上突然露出了惊讶的表情。

"是谁要来？"她问道。

"你们俩呀！"阿南德和我笑着异口同声地说道。她不敢相信我们为她摆好了餐具，她为此感动不已。我想，她一定因为我们为她大费周章而感到无比荣幸，而面对漂亮的布置又觉得敬畏不已。

融合你的客人

在用完荣耀和敬畏的休克疗法后，你已经成功吸引了客人的注意力。他们希望待在你的聚会上，并为此感到幸运。他们很可能想要把自己的一切都奉献给这次聚会。此时，你的下一个任务是把人们融合在一起，把一群形形色色的人变成一个部落。一个有才华的聚会组织者不会寄希望于一群毫不相干的人能自发地成为一个集体。她会主动去实现。

最强泥人（Tough Mudder）国际障碍挑战为有兴趣的人开设了周末障碍课程。在这些试验中，参与者可以在通电的电线上奔跑，在一个装有7.5万磅[⊖]冰块的垃圾桶里游泳，林林总总。虽然最强泥人本质上是马拉松比赛的一种，但它的开场仪式与你在传统马拉松比赛中看到的仪式非常不同。传统马拉松比赛本质上是个人的，参赛者几乎完全专注于自己的表现。

在最强泥人比赛的起跑线上，每位参赛者都被要求举起右手，齐声跟读最强泥人的誓言。

作为一名最强泥人，我宣誓：

- 我明白最强泥人不是一场比赛，而是一种挑战。
- 团队合作和同志情谊比课程本身更重要。
- 我不抱怨，只有小孩才会抱怨。
- 我将帮助其他泥人完成课程。
- 我将克服所有恐惧。

在马拉松比赛这种集体体能挑战中，个人体验是首要的。而最强泥人的集体体能挑战关注的是集体体验。它的誓言促使竞争者在身体和情感上互相帮助，甚至不惜牺牲自己的个人成功。最强泥人的创始人威尔·迪安

　　⊖　1磅 ≈ 0.454 千克。

（Will Dean）在接受《福布斯》采访时说："比赛真正的奖励是一起冲过终点线，这是最强泥人的根本原则。独自完成许多障碍几乎是不可能的，这迫使泥人们互相寻求帮助。由此产生的相互依赖培养了一种惊人的社区意识，为他人的成功而付出，而不仅仅是自己的成功。"迪安和他的同事都明白，要让参与者从竞争转向合作，他们需要在比赛开始时实施一个微小而持久的融合行为。

除了誓言之外，还有其他方式可以约束你的客人。一系列最有效的方法都包含了一个共同点，即帮助你的客人彼此关注。让客人彼此认可，并确认自己的存在感，这一简单的行为是我们在聚会时经常忘记的关键步骤。在祖鲁部落，这种承诺被很好地融入他们的问候语中。

问候："Sawubona"（我看见你了）。

回应："Ngikhona"（我在这儿）。

在熙熙攘攘的西方现代生活中，这一步常常被我们忽略。许多教堂的牧师会邀请会众将注意力从他身上转移到彼此身上，并彼此问候"早上好"或"复活节快乐"。太多的聚会忽略了这种邀请，而这种邀请在活动刚开始的时候可以有非常大的影响力。

电视导演吉尔·索洛韦（Jill Soloway）就很在意工作人员之间的融合，否则他不会开始一天的拍摄。索洛韦是《透明家庭》（Transparent）和《我爱迪克》（I Love Dick）的编剧和艾美奖得主。她称这种仪式为"盒子"仪式。早餐后，在所有的演员和临时演员都到场，布景和设备都就位后，索洛韦或某一集的另一位导演就会宣布"盒子时间"到了。制作助理会在中心位置放一个实木盒子，周围会留出足够的空间。工作人员开始围成一个大圆圈，一边鼓掌一边高喊："盒子，盒子，盒子，盒子！"一直喊到所有人都加入这个圈子为止，然后加快节奏，直到有人跳上盒子开始讲话。此时此刻，发言权就是他的。

人们会分享他们内心深处的各种想法，担心老朋友或家人去世，以及他们对自己的表演的看法。在《透明家庭》中扮演乔希（Josh）的杰伊·杜普拉斯（Jay Duplass）在接受《好莱坞记者报》采访时表示："人们站上那个盒子，谈论他们的问题，谈论他们的突破。你哭了，然后你就释放了。"另一位演员特蕾西·利塞特（Trace Lysette）说："在一天的工作开始之前，把一切都净化，为影片的柔情和精彩奠定了基调。吉尔喜欢这样工作。"

索洛韦对群体融合的信念是如此之深，连临时演员都需要加入盒子仪式。

格里芬·邓恩（Griffin Dunne）是《我爱迪克》中的一名演员，他清楚地记得一名本应该出现在餐厅的场景中，坐在主场景的两张桌子旁边的临时演员。有一天，这个临时演员站到了盒子上。他回忆："她站上去说，她是这条街上一家银行的经理，她以前从未有过这种像家一样的感觉。"

"客串嘉宾在离开我们片场的时候会哭，我一点儿都没有夸张。"《透明家庭》的演员艾米·兰德克尔（Amy Landecker）在接受 Bustle 网站采访时说，"他们为不能留下来而感到伤心不已，这个片场在行业内是独一无二的。"

盒子仪式通常需要 20 ～ 25 分钟，但在他们开始正式排演之前，它可以长达 40 分钟。索洛韦给了仪式所需要的时间。索洛韦的助理克里斯蒂娜·赫姆（Christina Hjelm）向我描述了他们是如何在合适的时机停止盒子仪式，继而过渡到排演的：

一旦想要站上盒子的人开始减少，副导演就会开始在人群中绕圈子，让最后一个站出来的人有机会站起来发言。如果在副导演转完一圈后仍然没有人跳出来，副导演就会自己跳上盒子，发表结束语。结束语通常包括当天的特别拍摄指导，以及摄制组在拍摄时需要牢记的安全事项。最后，他们会喊出当天的安全词，并让大家向他们喊回去。我们片场最流行的安全词是"Bucky"和"Chicken"。

　　"盒子"是一种将团队彼此连接起来的开场仪式，它清空了人们的思维，并为排演创造了某种通道。兰德克尔说："在我们开始工作之前，这变成了一个让所有人相互连接的集体时刻。"盒子仪式还在团队中创造了一种真实感，这是制作这部剧的秘诀之一，也是故事情节所揭示的价值之一。索洛韦在接受 Vulture 网站采访时说："我们可以像孩子一样玩耍，没有人会担心出错。"在大约 20 分钟里，导演把一群演员和临时演员融合成了一个部落，让他们看到了彼此。

　　巴拉通德·瑟斯顿曾经在一次朋友聚会上应用了这种彼此看见的理念。在家里举办节日派对的时候，他突然意识到客人彼此都不认识。作为把大家维系在一起的胶水，他主动承担起责任，确保每个来这里的客人都能彼此认识。于是，他为每位客人创造了一个独特的开场时刻。

　　每位客人一到，瑟斯顿便会鼓掌大喊道："注意，注意！"应着他俏皮的呼唤声，其他的客人都会转过身来看着他，"隆重欢迎……凯蒂·斯图尔特"！然后，他会针对大家可能感兴趣的切入点，用一两句话向全场宾客介绍凯蒂的情况："我第一次见到凯蒂是在一次冲浪课上，我发现原来她是班上冲浪冲得最好的。三年前，她从肯尼亚搬到了纽约，成为我的邻居。布鲁克林可真棒啊！她还有两只哈巴狗。我最喜欢凯蒂的一点是，尽管她有一份十分忙碌的工作，但每次只要我给她打电话，她都会接。"每次介绍完毕之后，其他客人都会爆发出热烈的掌声。这个场面有点儿滑稽，但人物介绍十分有趣和深刻，甚至有些出人意料。因为瑟斯顿很重视这个难得的机会，所以每个人都参与了进来。

　　他在短短的 30 秒内就为每个客人打造了丰满的人物形象，并通过给每个人贴上三四个有趣的标签让他们能彼此连接起来。他没有贬低任何人的职业，也会留下一些谜团（我想知道那份忙碌的工作是什么）。他对每位客人都照顾得很周到，而那些一度看上去尴尬不已的客人，最后都变得欣然愉悦，放下防备。

　　他那愉快的、引人注目的介绍使在场的每个人都有机会互相看一眼，彼此有一些了解，从而有机会相互连接，互相融合，而这正是晚会开始时所缺乏的。作为一个主人，他在每位客人身上都花费了时间，以示敬意。像塞奇尼一样，通过抬高客人，他把自己置于他们"之下"。另外，通过抓住机会让整个现场停下来，引起每个人的注意，他也把自己置于客人"之上"。他用慷慨的权威使聚会停下来。像阿布斯蒂特一样，瑟斯顿把客人从自我介绍的任务中解脱了出来，也为每位客人创造了一种氛围意识。让一个群体彼此"看见"的重要性听起来可能微不足道，但它可能有致命的严重性。近期的研究表明，当医疗团队会，为一位病人做手术时，他们在开始之前往往不知道对方的名字。2001 年，约翰霍普金斯大学的一项研究发现，当医疗成员提前自我介绍并分享他们的担忧时，并发症和死亡的可能性下降了 35%。像我们许多人一样，外科医生认为在像挽救生命这样重要的事情上，他们不应该浪费时间去做看见和被看见那愚蠢的一套。然而，正是这些愚蠢的形式直接影响了手术的结果。即使是如此错综复杂的工作，也只有当护士、医生和麻醉师遵守了良好的聚会准则时，他们才会在手术过程中更愿意畅所欲言，提供解决方案。

如果你的聚会有听众，还有其他方法可以让人们注意到彼此。会议往往在这方面做得很糟糕，到处都充斥着台上讲者和台下听众之间的垂直联系，却在让客人建立水平连接方面非常薄弱。

火花营（spark camp）是一个周末会议，由媒体行业的五位朋友共同发起，号称要"反潮流"。它所依托的信念是"会议可以被重新想象成高效、有创意的聚会，能进一步推进创新和激发切实可行的解决方案，以应对行业面临的挑战"。和瑟斯顿一样，火花营的组织者从一开始就知道该如何利用他们的权威使客人成为一个社区。在开幕之夜，主办方并没有邀请 70 人做自我介绍，而是由组织者代而为之。而且，不像被我搞砸的那次晚宴，他们是精心准备且胜券在握的。

根据会议的一份报告，在开幕式晚宴结束后，组织者将所有人召集到一起，围在篝火旁，对每个人进行了"高度个人化和异想天开"的介绍，并以他们的名字结尾。创始人之一安德鲁·佩加姆（Andrew Pergam）向我解释了这种想法：

> 这很简单，我们参加过太多的活动，要求人们写下花哨的自我介绍，用第三人称列出每一项荣誉。我们认为这件事应该由我们来为他们效劳，但要以一种帮助人们脱颖而出的方式来做。我们坚信，我们邀请的是一个完整的人，而不仅仅是一份只强调他们专业成就的介绍。我们希望这份介绍能让这个人的形象更丰满、更完整。

被组织者称为露营者（campers）的参与者需要在承认那就是自己的时候站起来。佩加姆说："你经常会看到很多双眼睛在房间里转来转去。在有人站起来之前，他们会进行认真的自我审视。"组织者"花了大量的时间对每个人进行研究"，然后"找出这个人过去不为人知的细节，并与他的其他成就结合起来"。这不仅减轻了露营者向几十个人介绍自己的压力，也为他们随后靠近彼此铺平了道路。佩加姆说：

> 首先，这为我们提供了一个公平的竞争环境，即使是我们当中最有成就的人也只能由我们来解读他们的背景，以及我们通过互联网调研所突发的奇思妙想。我们在暗示，"我们邀请你来这里做你自己，而不仅仅是那个成就卓越的你"。直白地说，"我们非常重视你的成就，所有的成就"。我们经常会发现人们互相说，"哦，你就是那个提琴手"或者"等等，你是那个在养蜂大会上认识你丈夫的人"！

组织者利用他们的权威，在周末一开始的时候就帮助客人互相注意，从而把他们连接起来。

你也可以在演讲时把听众联系起来。埃瑟·佩莱尔（Esther Perel）是一位天赋异禀的演讲者，也是一名两性关系和性治疗师，她会定期向1000多人发表演讲。除了内容生动有趣之外，佩莱尔还因为她能够很好地将观众彼此联结，以微妙的方式表明他们并不孤单而备受追捧。如果有人问佩莱尔一个关于出轨、性或婚外情的问题，她会在回答之前看着观众，并问道："你们当中有多少人能回答这个问题？谁也想了解这个问题？"通过这个简单的动作，她把一次对许多人的演讲变成了一次集体经历。

会议的主持人可以向佩莱尔好好学习。他们往往过于关注自己的小组成员和他们要问的问题。明智的主持人明白，即使是小组讨论也不是单独的对话，它依然是以聚会为背景的。所以解决办法可能很简单，就是在会议开始时问观众：你们当中有多少人认为自己是人工智能方面的专家？你们当中有多少人在这个领域工作？你们当中有多少人是第一次想到这个问题？你们当中有多少人刚刚意识到自己选错了会议？

每当我举办愿景实验室的时候，不管是在政府机关、大学还是在金融机构，在开场的前五分钟内我总会说："我想让各位想象一下，你们正在一起编织一个蜘蛛网。你们每个人的手腕上都有绳子，连接着另外32个人。最弱的那根绳子将决定我们能完成的程度。你们都不是那最薄弱的一环。"每个人听到这句话时都会紧张地笑起来。"没有人会被投票出局，但你们彼此之间最薄弱的连接将是决定你们能走多远的因素。"我把这句话讲得很清楚，并经常提醒他们。建一个网，建一个网，建一个网，这与他们和我的关系无关。正是这种群体心理上的相互融合，让你和他们敢于冒险、共同构建，并让他们的聚会变得大胆无畏。

不断超越

对于一些周一例行的聚会而言，荣耀和敬畏的方法可能会显得太过刻意，不过我还是力劝你想想吉尔·索洛韦的例子。我的个人信念是，任何形式的聚会都可以实践这些元素，至少能实践一点点。

如果你想做得更多，想让你的开场更上一层楼，这里有一些加分项：在开场的时候，试着体现你因为大家能聚在一起而感动不已的原因；试着在最初的时刻，让大家对你的聚会目的感同身受。

丹尼尔·巴雷特（Daniel Barrett）是布鲁克林高地蒙特梭利学校的一名小学教师。他告诉我，他和同事在开学第一天就有目的地让学生编织东西。"我们称之为'手工作业'，这是一种让学生安静地待在一起，集中注意力的方式。"巴雷特说，"这也有助于提高他们的书写能力，因为他们正在提高自己的精细动作技能。"在开学的第一天，学校只让一年级的学生来上半天课，并开始对他们进行学校核心原则的始业教育，其中一项就是社区。巴雷特是如何在第一天就向他的学生传达社区概念的呢？

巴雷特拿起一个线球丢给一个学生，并对她说了几句好话。然后这个孩子也依葫芦画瓢地抓住绳子的一端，把线球扔给了另一个学生，并说了一些好话，以此类推，直到整个班级搭建了一个由绳子组成的蜘蛛网。巴雷特告诉他们："如果我拖拽我的这一端，其他人都会感觉到蜘蛛网在动，这就是社区。你的所有选择和行动，无论大小，都会影响到其他人。"

巴雷特运用了一种创新、适龄的方法来提醒他的学生（他的客人），他们为什么要做他们正在做的事情。这样一个深思熟虑的开场可以改变一个聚会的整体进程。

第六章

别把最完美的一面
带入我的聚会

THE ART OF GATHERING

HOW WE MEET AND WHY IT MATTERS

在前几章中，我们讨论了带着目的去聚会，并以此目的为出发点做出切实可行的选择。你已经接受了我的建议，既要利用你作为主人的权威，又要慷慨地去管理。你已经见识了不少出色的聚会组织者运用暂时的规则和形式来为他们的聚会增添趣味的例子，也已经清楚在聚会开场时不该做什么，或者如何补救，尤其是如何在聚会正式开始之前提前让客人做好准备。

现在聚会正在按照你设计的轨道如火如荼地进行着。你的想法可能会和我的许多朋友和客户的想法一样：如何让你的客人变得更真实？如何让人们保持真我？我有一些建议。事实上，一共有 15 个。

让会议或任何聚会不那么糟糕的 15 种方法

没有什么能比我们在开会的时候更虚伪做作了，也没有任何其他场合会如此浪费跨越国界、身份和职业的对话机会，更没有任何场合会在频繁聚集众多极具影响力的人的前提下，依然使对话浮于表面。大家都有所顾虑，每个人都在展现他人眼中所期望的最好的自己。

如果必须选择一个最能让"会议中的自我"暴露无遗的场合，我想应该是世界经济论坛（World Economic Forum）的会议。这个组织每年会多次召集全球各领域的领袖人物，最著名的会议是在瑞士达沃斯召开的。因此，我和一位同事在几年前开始研究，是否能破解世界经济论坛的这种魔咒，在世界经济论坛的活动间隙，创建一个反其道而行之的活动？我们能否让那些习惯性展示完美形象的人分享最本质的事实呢？当拥有耀眼背景的人开始分享最完整的自我，而不仅仅是自己的虚荣时，是否有助于我们更好地讨论这个世界的实际需求呢？

我们决定用我们的聚会理念去感染世界经济论坛年度秘密会议。该会议在达沃斯会议开幕前的几个月在阿联酋举行，目的之一是展示达沃斯会议的想法和议程。世界经济论坛组建了数十个"全球议程委员会"，讨论从人工智能到海洋未来等一系列问题。每个委员会都必须"就重要的全球问题提供创新思维，并为公众利益开展项目和活动"。900名委员将在阿联酋参加为期3天的会议，讨论他们这一年来就各自议题所做的工作，并提出新的方向。

委员们是因为自身的成就和实力，而不是因为他们的弱点和缺陷被邀请入会的。正因如此，会议，甚至是用餐和茶歇时间，都可以变成炫耀的场合，充斥着一轮又一轮的攀比。即使在没有竞争的情况下，我参与的对话也往往停留在炫耀智慧的表面，毫无真实性或情感性可言。这是很多会议的通病：大家都试图用自己的聪明才智给别人留下深刻印象，也许在离开的时候会有一些新的工作机会，但真实的投入和参与是可遇而不可求的，每个人都常常表现得像自己的品牌大使和新闻秘书。既然这不是一次保险业会议，而是一场解决人类最重大问题的活动，这种肤浅就似乎成为一种障碍。

那一年，我被邀请加入世界经济论坛新领导模式全球议程理事会（WEF Global Agenda Council on New Models of Leadership）。根据该理事会过去的一份报告，理事会的重点是理解并就"领导力发生的背景以及作为领导者如何才能快速发展"进行深入对话。具体来说，理事会认为世界的变化正在"开辟一个新的领导力空间"。报告称，对空间的定义，除了包括其他因素外，还包括"领导者的情感能力（价值观、勇气、自我意识、真实性）"，以及"他们的社会关系和网络的广度及深度"。或许正是由于这种关注，许多理事会成员都对阻碍领导人沿着这些维度发展论坛文化感到震惊。我和理事会的一位德国营销主管提姆·列伯莱希特（Tim Leberecht）都想知道，是否可以通过一个试验改变这种情况。

我们的试验围绕着不同的聚会方式展开。我们建议在会议开始的前一晚，为世界经济论坛的各理事会成员举行一次小型晚宴。我们的目标很简单，也很复杂：让大家忘掉他们的社交冲动和自我游说，真实、人性化地建立联系。

如何在一场社交活动中创造一顿让彼此感到亲密的晚餐呢？当人们表现得坚不可摧时，你如何让他们变得脆弱？如何创造一个更像是排演晚宴的工作晚宴？如何让那些来兜售想法或组织的人，在一夜之间还原成一个复杂、多面的人？对于那些通常表现出确定和自信的人，如何使他们容忍自己的疑虑和软弱？

我们都专注于正常的准备工作，在一家餐馆订了一个包间，邀请了来自各个理事会的 15 位客人，其中许多人我们并不认识，但他们引起了我们的兴趣。为了集中大家的注意力，我们选择了一个主题："一个美好生活"。我们曾在另一个项目中使用过这个主题，这是一个很丰富的话题，因此我们有备无患，而且我们有意将主题定为一个美好生活（比如，你认为什么能成就一个美好的生活），而不是这个美好生活。

在晚宴的前一晚，我却辗转反侧，十分担忧。我们为什么要邀请这些人？如果不顺利，怎么办？如果没人说话，怎么办？如果主题不起作用，怎么办？我担心的是实实在在会发生的对话，因为这是我无法提前准备的。要在 15 个陌生人之间促成一场复杂的对话，这太考验我们的能力了。虽然我们在确定其他细节上花了大量的时间，包括迎宾饮料的选择，但我们没有过多地考虑对话的实际结构，我们只是在即兴发挥。虽然我想要营造一种亲密感，但并没有为此做出相应的设计。

与我一起去阿布扎比的还有我的母亲和我的丈夫。那天，在阿布扎比一家灯光昏暗的购物中心吃午饭时，我向他们吐露了自己的焦虑。人们为什么会真诚地分享？我如何决定什么时候轮到谁发言？我从一个促动师的角度开始思考各种可能的对话结构。突然间，我的思绪回归到了最基本、最容易被遗忘的聚会原则：为我们所欲之事进行设计。

如果我们不只是单纯地介绍"一个美好生活"的主题，而是让每位宾客为"美好生活"祝酒，无论祝酒词对他们意味着什么，会怎么样？嗯，不错。但是，如果人们只是滔滔不绝地谈论一些宏大的想法又该怎么办呢？

还有一个想法：如果让他们从一则个人故事或自己的生活经历开始祝酒，会怎么样？这个想法虽然更胜一筹，但对大家的要求又过多了。

如果没人想祝酒怎么办？如果在祝酒间隙，出现长时间的冷场和沉默又该怎么办？

亮点来了：让最后一个祝酒的人当众唱歌如何？当我的丈夫提出这个建议时，我们都笑了，但他是认真的。这将为整个夜晚设定一个轻快的节奏，并增加一丝诱人的风险。

那天晚上，客人陆陆续续来了，他们并不知道会发生什么，但似乎对能来这里感到好奇和兴奋。他们当中有总统的高级顾问、CEO、记者、企业家和活动家，男女比例相当，年龄从 20 岁出头到 80 多岁不等，来自 6 个国家。我们在入口处为每位客人递上一杯鸡尾酒，热情地介绍他们互相认识。座位上摆放着印有他们名字的名牌，示意他们按座位顺序就座。

等大家都就座后，我举起酒杯，感谢大家的光临，并向大家介绍了自己和列伯莱希特。我们阐述了当晚的主题和举办这次晚宴的原因，并解释了规则，包括唱歌和查塔姆研究所规则（Chatham House Rule，源自英国皇家国际事务研究所）。人们可以谈论他们在某次私人会议上的经验，分享当时所发生的故事，但不得将原因归咎于某个参与者。我们还要求大家在祝酒时先讲一个故事，并在故事的结尾举杯敬故事背后的价值或教训。终于，我们的宴会开始了。

前三次祝酒很快就结束了。第一位祝酒人从自己的故事中汲取灵感，认为美好的人生就是一个有选择的人生。（"敬选择！"）第二位祝酒人讲述了她在救灾工作中的经历，情绪变得有些激动。她通过祝酒词告诉大家，作为一个人，有自己深切关心的某件事是天经地义的。第三位祝酒人谈到了他认为构成美好生活的三大要素：为自己工作，为他人工作，以及享受生活。他在结尾时说道："能做到三个中的两个也不错。"忽然有人纵声高歌起来："敬三个中的两个！"众人开怀大笑。（"敬三个中的两个！"）此时，宴会的气氛开始变得轻松了。

现场一度平静下来，大家开始停下来享受美食，和周围的人闲聊。我开始考虑我该说些什么。参加这次晚宴我有一个明显的优势，那就是我事先知道这次晚宴的主题。我萌发了一个祝酒的想法，但又马上打消了这个念头。一个美好的画面浮现在我的脑海中，那是我 11 岁那年的某个时刻。但我转念又想：我不能和这群人分享这些。我的心开始怦怦直跳，我把这个信号解释为"勇敢去做"的第六感。我深吸了一口气，颤颤巍巍地敲响了我的酒杯，人们似乎对我这么早就要祝酒感到惊讶。

我开门见山地说，一个美好生活就是"看到"和"被看到"，然后开始讲述一则关于我认为自己"被看到"的故事。当时，我讲述的故事大意如下：

> 11 岁那年，我迎来了月经初潮。当时我在马里兰州的一个朋友家过夜，吓得不知所措。我没有告诉我的朋友，而是在第二天回家以后告诉了我的母亲。在当时那个年纪，我对事物的许多信念和判断都来自他人的反应，我密切地关注着她的反应。当听到这个消息后，她又喊又叫地把我举起来，欢天喜地，欣喜若狂。随后，她又在屋子里载歌载舞地庆祝。那天我从她的反应中了解到，作为一个女人是值得庆祝的。她并没有就此打住，两周后，母亲为我举办了一个月事派对。

在场的宾客开始手舞足蹈，言笑晏晏，连男人也不例外，这使我大为宽慰。我继续分享着月事派对的故事。

> 她邀请的不是我的女性朋友，而是她的，她们都是经历过女

人一生中这个重要转变的年长女性。她们每个人都给我带了礼物，其中一位客人送给我人生中的第一件粉色蕾丝内衣。因为作为一个女人，她最喜欢做的一件事就是"打开内衣抽屉，看到绚丽缤纷的色彩"。她们为我唱了很多歌，包括我的母亲最喜欢的两首：Sweet Honey in the Rock 的 *On Children* 和 Crosby，Stills，Nash & Young 的 *Teach Your Children Well*。那一天，我感受到了自己的重要性。我看到了，我也被看到了，被见证了。对我来说，那就是美好生活。给你们所有人一个小小的惊喜：我的母亲现在就坐在那儿，和我们在一起。

我的母亲碰巧在论坛的另一个理事会里。因为我们的姓不同，没有人知道我们是家人。所有人都惊讶地意识到，坐在桌旁的这位女士不仅仅是世界银行（World Bank）的贫困问题专家，也是一位为女儿设计了月事派对的母亲。我还在为讲述这样一个微不足道的故事而颤抖，但是我又转念一想，管它呢，希望这个故事能打开别人的心扉。

酒斟满了，祝酒还在继续。一位女士分享了她母亲的临终遗言："我把90%的时间都花在了担心无关紧要的事情上，你不要重蹈覆辙。"死亡这个话题一旦被提出，就开始接二连三地出现在其他祝酒词中。毕竟，思考是什么造就了美好的生活就意味着思考生命的终结，思考生命的有限性。另一位女士在祝酒词中说，她要分享一些她每天早上都会做的"怪癖"，那是她从未告诉过别人的事情。每天早上，她都会进行"死亡冥想"，想象自己已然逝去，灵魂看到了所有留在世上的她所爱的人，并一直在这个场景中逗留徘徊，默默守望。然后，她扭动着手指和脚趾，回到现实中，对自己还活着深表感激，甚至对自己的价值观有了更多的认识。事实证明，对她来说拥有和品味美好生活的一部分就是时刻意识到死亡。然后，她举杯说道："敬死亡！"我们回应道："敬死亡！"酒杯被高高举起。

随着夜幕降临，大家都开始潸然泪下，不是因为伤心，而是因为感动。

整个晚上，人们一个接一个地站起来说"我不知道该说些什么"或者"我之前从未打算把这件事说出来"。人们终于放弃了他们的剧本。

一位男士指出，我们当晚所做的事无异于某些超级英雄把内衣外穿，这引得我们哄堂大笑。终于，轮到最后一位客人唱歌了。他以一首里奥纳德·科恩（Leonard Cohen）的歌结束了他的祝酒。一条裂缝让希望之光在房间里闪烁，在那短暂的一个个瞬间，房间里的人都在学着放下，放下那些最消耗精力的伪装和担忧。

那是一个动人而又美妙的夜晚。这些习惯了"人未到，头衔先至"的大人物，把他们的自负留在了门外，向我们展示了自己鲜活、原始、诚挚的一面。晚餐使我们成为一个临时的部落，照亮了此类聚会的种种可能性。

真实是可以设计的

在阿布扎比的那个动人之夜之后，我们决定将这种形式发扬光大。根据最初的那次晚宴的出席人数，我们把它称为"一五祝酒"，并开始搜寻沉闷的聚会，以期为它们注入一些人情味。我们继续在南卡罗来纳、丹麦、南非、加拿大等地方的活动间隙主持着"一五祝酒"晚宴。无论在哪里，这种形式都能创造奇迹。我因此开始在另一类聚会中测试它，即那些客人已经通过工作、家庭或其他方式彼此认识的聚会。令我惊讶的是，它竟依然奏效。在举办了众多的这类晚宴，看到各种各样的群体以卓越的方式坦诚相待、直抒胸臆之后，我开始发现一些能让真实和启示拨云见日的模式。除了设置恰当的环境（包厢里总是有幽暗的灯光、摇曳的蜡烛、可口的食物和醇馥的葡萄酒）外，我还发现深思熟虑型的聚会组织者可以采取一些特定的方法来鼓励人们抛弃虚假，拥抱真实。

新芽演讲，而非政治演说

其中一种方法就是寻找和设计"新芽演讲"，与之相对的是冗长乏味的政治演说（stump speech）。政治演说是事先计划好、经过精心准备的高谈阔论和老调重弹。我们每个人都有自己的政治演说，而在许多较为正式和重要的聚会上，我们所讲的往往是政治演说那一套。

如果"政治演说"这个词呼应了树木最强壮、最持久、牢牢扎根在地里的那部分，那么相比之下，新芽就是树木最新、最脆弱的部分，仍在发芽滋长。我从"一五祝酒"中学到，尽管我们习惯在很多重要的聚会上发表政治演说，但人们心中的"新芽"才是最有趣的，或许也是最容易让一群人感同身受、紧密相连、同舟共济的元素。

很多文化元素都鼓励我们要把握一切机会发表政治演说，特别是在会议这样的场合。但我总能无意中发现一些有趣的试验，它们的结果正好相反。这些结果都鼓励人们抛开超凡入圣的政治演说，着眼于朴实无华的新芽演讲。

其中有一个富有前瞻性的聚会叫作"天才之家"。（你可能还记得我在"临时规则"那一章里简单地提及过。不过，现在一些比较有趣的聚会确实需要起一个更好的名字。）"天才之家"是由托马·贝多拉（Toma Bedolla）和蒂姆·威廉姆斯（Tim Williams）两位企业家创立的。他们已经厌倦了每个人都大肆宣扬自己的公司或工作的社交活动，决定尝试一种新的商业聚会形式，而这种形式最终将在世界各地得到复制。

这种形式是让一群陌生人聚在一个房间里，其中两三个人是心存疑问的企业家或其他专业人士。为了获得进入这个房间的入场券，他们必须申请一个机会，能让自己把疑问告诉其他人。这些其他人来自不同的领域，他们自愿申请利用时间来解决别人的问题。主持人将指导并严密安排会议进程。

在我参加的两次"天才之家"的聚会上，主持人都能让人们公开地与陌生人分享自己所面临的挑战，并让其他人探其究竟，深入研究，这让我印象深刻。通过邀请人们分享自己的问题，"天才之家"将真实性提升到了自我兜售之上，而聚会所拥护的恰恰是不完美的自我（或公司）。

这两场活动都是在纽约市联合办公场所的会议室里举行的。在活动正式开始之前，大家有时间在办公室的休闲区附近交流。组织者鼓励大家互相见面，但不允许谈论任何与工作有关的事情。有一次，我和一个穿着工装短裤、一头金发的年轻男人聊了起来，我们都立刻意识到自己必须放松下来，不要问对方工作上的问题。我们试着开始闲聊，他问我最近有没有度假，我问他有没有养宠物。当我们意识到彼此都不擅长谈论工作以外的话题时，我们都笑了起来。很多问题都会在无意中触碰工作这个话题："你以前参加过这个活动吗？""参加过，因为我……"我立刻打住，因为我不能告诉他我在研究聚会，否则就违反了不谈工作的规则。"你是什么时候搬到纽约的？"我问。"五年前。""什么风把你吹来的？""这个嘛，我不能告诉你真正的原因。"又是一阵欢笑。不过，我们也慢慢地开始掌握谈话的技巧了。

后来，我见到了当晚的主持人。"你以前主持过吗？"我问。

"当然，主持过好几次。"

"你是怎么参与进来的？"

"嗯，这个我们待会儿再谈。"

"结束的时候？"

"大揭秘的时候。"

"噢，是吗？"

最后，一位年轻女士邀请我们进屋就座。"只能提名，不能提姓。"有人提醒我们。每个进来的人都必须戴上名牌，找个座位，且不能谈论工作。"你们可以讨论迪士尼乐园，但不能谈工作。"她说。于是，我们开始讨论迪士尼乐园。等最后一些客人陆陆续续到场后，我们正式组成了一个"天才之家"。

组织者向我们表示了欢迎，介绍了一些关于"天才之家"的背景信息，并提醒我们聚会的目的和规则，这些都张贴在墙上。她告诉我们："在反馈的过程中，你可以提出建议，但请不要谈论你的工作。"

当晚将有两位演讲者，每位演讲者将与大家进行大约45分钟的会谈。在最初的5分钟里，每位演讲者都要阐述自己面临的挑战，然后我们会有2～3分钟的时间来进一步询问和了解这个挑战，并由企业家回答这些问题。之后每个人都有1分钟的时间来表达他们的"第一想法"。（在这段时间内，你可以问问题，但企业家无法回答。）剩下的时间留给大家和企业家进行自由对话。主持人要确保每个人都有机会发言，并指导我们如何做出良好的反馈：过去成功和失败的例子、保持联络（因为"我们想让今晚的聚会在未来得到延续"）、相关的书籍和文章。在聚会的最后有一个大揭秘环节，每个人都将分享"我是谁"，以及"我的实际工作"。

第一个接受挑战的是一位女性，她经营着一家社会企业，旨在打造更具包容性的工作场所。她希望我们能帮助她找到与雇主建立真正伙伴关系的方法，并在招聘时引导他们"跳出思维定式"。第二个挑战者是一个年轻人，他创建了一个旅游应用程序，可以让人们在更大的社区里创立和分享自己的旅游指南。他希望我们能就"如何在这个城市里，用很少的预算和有限的关系培养出忠诚而狂热的早期用户"给出一些想法。

大家都开始绞尽脑汁，提供帮助。我们需要对每个想法和情况有更深入的了解。随着我们问的问题越来越多，他们两人都变得愈发脆弱，不得不给我们提供更多的信息："那么，你和多少家公司谈过？"也许他们在这方面做得还不够。我们的建议可能会给他们带去更繁重的任务："你考虑过与职业培训项目合作吗？"我们也会指出他们的盲点："关于公司为什么不雇用这些人，我不确定你的基本假设是否正确。"然而，如果他们能保持开放的心态，他们将从智囊团那里得到宝贵的帮助。

这是一种有趣的动态，越是深入每家公司的内在，我们就越想帮助这些企业家。如果他们是在某次社交活动上找到我，像往常一样对他们的想法夸夸其谈，我可能会感兴趣，但并不会拨动我的心弦。然而，当我看到他们自愿地使自己处于尴尬难堪的境地，并向陌生人展示自己和想法时，我对他们产生了同情，热切地想用我的大脑和资源来推动他们前进。在极少数情况下，当某个挑战者变得暴躁不安、自我防卫或遮遮掩掩时，每个人都能明显地感觉到这种能量场，智囊团也开始退缩。这就像在聆听脆弱者的自述。他们分享得越多，我越能感同身受，也就越热切地想要帮忙。而他们表现得越强势，越不需要我，我就越难体会他们的艰辛。

这并不难理解。在别人面前展示脆弱可以博得他们的同情。多年来，像布琳·布朗（Brené Brown）这样的学者一直在告诉我们这一点。尽管这是很常见的人类行为，但大多数聚会组织者对却仍是雾里看花。聚会把人们聚集起来，有时候是为了让人们互相帮助，就像在"天才之家"一样。每次相聚，人们都有机会互相帮助，然后做他们独自做不到、想不到或解决不了的事情。然而在多少次聚会上，我们隐藏了对援助的渴望，而以最强烈、最不振奋人心的光芒来装饰自我。在聚会中，我们会遇到那些可以帮助我们的人，可我们假装不需要他们，好像我们已经找到了一切问题的解决办法似的。

我参加的一个研究生项目就是这种矛盾的缩影。在哈佛肯尼迪学院，大批才华横溢、充满激情的学生带着真实的问题、真实的恐惧和对如何解决世界问题的真实的好奇心而来。然而，他们经常以恐吓而不是互相帮助告终。在应该学习未知事物的教室里，这种文化训导我们避免在别人面前展现愚蠢的一面。把想法大声说出来是无知的，因为这些人可能是你未来的老板、合作伙伴和员工，所以展示你的才能才是最明智的。开学之初，当别人问"你好吗"时，我们都会微笑着回答，充斥着虚假和积极的态度，沿用了政客在竞选过程中的恶习：永远不要说出真相，永远保持积极乐观。当我们谈及自己的过去时，我们常常像国会的写宣传板上内容的人一样编织着自己的故事。我们生活中的起起落落被美化成蒸蒸日上的坦途，我们谦恭地吹嘘着自己的成就，我们的个人形象得到了提升。

比我大一岁的学生丽莎·拉扎勒斯（Lisa Lazarus）直言不讳，这是一种孤独、痛苦的学习方式。出于反感，她创建了一个名为 CAN（change agents now，即"变革推动者"）的小组织。这个组织的理念很简单：由 6 名对变革推动感兴趣的肯尼迪学院学生组成一个小组，每两周见一次面，每次 3 个小时，所做的事应与他们在那两周的其余 333 个小时所做的事相反。尽管困难重重，但是他们，包括我在内依然会开心见诚。

我们会跳过所有一帆风顺的故事，直接分享生活中的艰辛。我们会讲述真实而痛苦的曾经，无论是抛弃我们的父母、嘲笑我们的恶霸，还是让我们蒙羞的贫穷……我们将怯懦、脆弱和恐惧坦诚相见。与哈佛大学肯尼迪学院的标准相反，在这个组织中软弱比力量更受重视。我们的重点是分享"严峻时刻"，这个概念借用了哈佛商学院领导力教授、《真北》（*True North*）一书的作者比尔·乔治（Bill George）的观点。在乔治看来，严峻的时刻是我们生活中具有挑战性的时刻，它们在某种程度上塑造了我们，改变了我们对世界的看法，是它们定义了我们。尽管如此，严峻时刻在日常谈话中还是很少出现。

CAN 小组在每隔一周的周三碰面。在会议前半段，我们会分享自己的人生故事，关注那些严峻的时刻。我们知道参加这个活动意味着什么，也对彼此充满了好奇。当时，我不太了解 CAN 小组的其他成员，但他们所分享的故事，无论是他们的童年、他们所做的艰难决定、和父母的关系、他们的家乡和他们的宗教信仰等都让我以一种全新的角度去看待他们，也让我敢于展露自己的脆弱，分享内心的恶魔。

这一系列的聚会以简单的设计和有针对性的理念改变了我的研究生生活。于我而言，学校突然有了新的模样。我们放下了防备，多听少说，并学会了关爱彼此的缺陷：父亲曾经是无家可归的海军军官，一个出身贫寒的企业家，因父亲早亡而成为兄妹的依靠的执行董事。我开始从不同的视角去看待他们的行为，不但没有对他们的成就感到妒忌，反而对他们产生了一种怜悯之心，因为我能切身体会他们内心的恶魔，就如同他们了解我的一样。在 CAN 小组里的体验，让我敢于在小组之外的同伴中去冒险尝试。

拉扎勒斯对她的同龄人有一个深刻的认识：我们都戴着面具。尽管面具有用，但摘下面具可以让我们有更深的连接、共同的成长和更富有成效的合作。在成立十多年后，CAN 小组至今依然在聚会。

把想法放一边，我们是在聚会

让人们在聚会中尽显真我的方法是，让人们更关注自己的经历而不是自己的想法。

在阿布扎比的那个晚上，我们要求客人以故事的形式祝酒，而我们这么做主要是为了控制对话质量。我们认为任何人都可以讲述一个自己的人生故事，而这可能比让他们即兴发挥要好。事实证明，强调"故事"而不是"想法"也成就了一些计划之外的事情：它让我们感到了一种连接。因为我们的态度很明确，这个做法非常成功。大家分享了自己的故事，因为我们明确要求他们分享故事。我们在人们的具体经历和抽象想法之间做出了明确的区分。

很多时候，你只需要简单地让人们说出自己的故事，就能让许多聚会得到改善。在彰显这个原则的力量方面，很少有机构能比 Moth 做得更透彻。Moth 是提倡将讲故事这一理念和实践作为社会黏合剂的一系列的聚会。

20 世纪 90 年代末，Moth 由一位名叫乔治·道斯·格林（George Dawes Green）的人创立，他已经厌倦了诗歌比赛。作为一名小说家，他试图通过参加诗歌比赛结识其他作家和艺术家。可他不但没有为诗歌所陶醉，反而感到无比恼怒。"我觉得他们有点儿不对劲。"他告诉我，"每首诗都是用单调乏味的声音来朗诵的。那些诗人一站起来，就开始用这种诗意的语言说话，防备之墙立刻就出现了。"在他看来，这种障碍来自一种普遍的观点，即诗人是一种空灵而遥远的人物："你是这种深厚传统的一部分，你的想法来自你与上帝或宇宙力量之间的某种联系。通过你，这种崇高、近乎非人类的语言出现了。"你可能觉得这听起来不错，但对格林来说这是令人不快的。

尽管格林对诗歌比赛嗤之以鼻，但他也确实注意到那些诗人令他惊叹的时刻。这种时刻往往出现在比赛前夕，那些还没有端起剧本的诗人会谈起他们的出身。"我爷爷会去北部钓鱼。"这么多年后，格林依然记得一位诗人曾经这样说道，"我记得当时我不得不很早就起床"。令他震撼的是赛前语言是"完全自然的用语"，格林说道："听众会立刻打起精神来，进入诗人的世界，因为此时不再有技巧，不再有那堵看不见的墙。我一直对此深感震撼。"他开始尝试一种完全围绕那个时刻而设计的聚会形式，于是 Moth 就诞生了。20 年后，Moth 已经在 25 个城市开展了项目，讲述了1.8 万个故事，故事的听众向来是"站"无虚席。

我向他讲述了主持"一五祝酒"的经历，并问他"故事"为什么以及何时能起作用。

"故事起作用的时刻往往是脆弱的时刻。"他说，"尽说一些你的成功故事是无济于事的，而特朗普却总这样做。"当你触碰到这种脆弱感时，"人们会有一种无比舒适的感觉。他会想'我亲身体会过，我知道他在说什么'。"格林花了数年时间钻研讲故事的艺术和技巧。他解释了讲好一个故事的一些简单要素。

故事关乎你所做的决定，而与你的经历无关。如果你做到了这一点，找到了自身的脆弱，明白其中的利害关系，以及其他一些事情，就会本能地找到精彩的故事去讲述。在人们刚说出口的那一刻，我们就懂得了他们，我们从人的角度理解了他们。他不再是我的老板，而是实实在在曾经心碎过的人。啊，我了解那种感觉。

黑暗的主题

如果客人在活动上只是高谈阔论地进行政治演说，而不是新芽演讲；如果客人一味地宣扬自己的理论，而不是自身的经验，那么聚会组织者就可以屈服于他们自身的虚伪。他们固执地要让聚会保持积极和正面，尤其是在选主题的时候。有深度的聚会组织者不会惧怕消极，甚至还会为黑暗和危险创造空间。

如果你还记得第一次"一五祝酒"晚宴，我们选择的主题非常积极和正面：一个美好的生活。回头看，我并不认为这是一个很好的主题，而我们的客人也显然同意这一点，因为有好多人都提到了死亡，这也改变了谈话的措辞和基调。作为组织者，我们没有明确问及死亡，更没有主动提起这个话题。但是，在我们谈到人生的乐趣时，似乎存在一种冲动和需求要去触碰生活的另一面。如此，谈话有了新的一层深度。人们的心灵开始靠近，他们无疑在幻想自己或所爱的人的死亡。这让那个夜晚变得更丰富、更纯粹。

当列伯莱希特和我开始将"一五祝酒"的聚会形式复制到其他场合时，我们改变了主题：15次祝酒敬陌生人、信仰、幸福、连带伤害、逃避、恐惧、叛乱、浪漫、尊严、自我、教育、改变一生的故事、结束工作、美丽、冲突、修修补补、真相、美国、乡土、旅伴、起源、他们、正确的问题、混乱、第四次工业革命、勇气、边境、风险、弱点。随着时间的推移，我们发现最好的主题并不是甘甜悦耳的，比如快乐或浪漫，而是事物的黑暗面，比如恐惧、边境、陌生人等。在这些主题上，人们可以有多种解释和多种理解，鼓励人们展示自己的脆弱、彷徨、原始和道德上的复杂的一面。

遗憾的是，这样的主题在我们的许多聚会中都被摒弃了。太多的聚会，尤其是那些专业性质的聚会，都非常迷信"积极"。一切都必须围绕着顺利、合作、希望和未来展开，没有空间能容纳客人对晚餐的诉求：一个暂停的机会，去考虑发人深省而不是令人振奋的事。

在我向客户和朋友推荐黑暗主题的想法时，他们的反抗情绪非常强烈。

我只能诉诸极端的方法去说服他们和你，证明为什么在聚会上创造一个黑暗空间不仅可行，而且必要，这个极端的方式是讲了我把工作外包给了一个施虐狂的故事。

最初，一位德国 DJ 建议我去见一位他认识的施虐狂，我是从他那里了解到斯蒂芬妮·佐伊·瓦恩克（Stefanie Zoe Warncke）的。她是创造环境和场景的专家。我不禁幻想起深夜在停车场的秘密会议。令我大为宽慰（或许也有点儿沮丧）的是，我们最后只是在纽约市的一家法式糕点店里见面喝茶。

瓦恩克是一名律师，白天以合伙人的身份在杜塞尔多夫的一家公司工作，晚上是欧洲一个较大的地牢里的施虐狂。她最终离开了德国和法律界，搬到了纽约，在那里她仍然做着施虐狂的行当。她认为自己的工作是帮助客户在一个"安全的空间"里探索他们的黑暗幻想。

"我想帮助人们以一种安全的方式探索自身的某些部分。"她说，她对这项工作的兴趣或许可以追溯到自己成长的家庭环境，在那里她"不允许探索自己的某些部分"。

"为什么？"我问，"人们探索自己的黑暗面很重要吗？"她笑着说："我认为那会让世界变得更美好。"这听起来太简单了。为什么让人们探索自己的黑暗面会让世界变得更美好？她想了一会儿说："因为我认为，如果他们清楚自己到底是谁，他们就不必用愤怒、自我憎恨或其他东西来弥补了。"瓦恩克提到了一个被心理学家称为"阴影整合"的概念。我联系了大卫·奥特曼（David M. Ortmann）博士，他是一名心理治疗师，也是《性局外人：了解 BDSM 的性特征和社区》（*Sexual Outsiders: Understanding BDSM Sexualities and Communities*）一书的合著者。我向他描述了瓦恩克的工作，希望能从他那里获得一些启发。他在一封电子邮件中解释说，"阴影整合"是一个"荣格学说的术语，它表明我们都有阴暗特质（攻击性、暴力、强迫性幻想等）。否认自己的这些部分并不是解决问题的有效方法，因为那些被否认或忽视的部分往往会滋长（而且往往是无意识地滋长）。

BDSM（绑缚与调教、支配与臣服、施虐与受虐）为阴暗特质提供了一种有意识整合的方式"。他特别提到了瓦恩克，"我想说，你那位施虐狂朋友非常了解她的工作，她甚至是在做一些治疗工作"。

你现在可能想知道一个施虐狂和你下次的员工会议或家庭聚会有什么关系。我不是在建议你雇用瓦恩克，而是建议你留意瓦恩克。你可以将她的做法在你的聚会中适当稀释并加以运用。她给我们的教训是，包容黑暗比排斥黑暗更明智。我们每个人都有黑暗的一面，而且人的黑暗面也会出现在你的聚会上。即使你把它排除在正常流程之外，它也不会消失。相反，它很可能会在某个时候以另一种形式出现。

陌生人精神

在聚会中释放真诚和脆弱的一个更令人匪夷所思的秘诀是提高陌生人的比例。虽然这似乎有违直觉，但是当房间里有许多陌生人的时候，或者当有人帮助参与者用全新的眼光看待自己的熟人的时候，人们会更容易去分享。

在纽约的一次"一五祝酒"晚宴上，一位女性客人因为自己的一位密友公开谈论自己的抑郁症而感到沮丧不已。事后她把我拉到一边，说自己感到困惑和背叛，因为她的密友居然和几个陌生人分享了一些她毫不知情的事情。然而，她的密友只不过做了我们大多数人在类似情况下都会做的事。和密友相比，向与我们的生活没有利害关系的陌生人告解往往更容易。

陌生人的力量在于他们激发了我们的内在。在陌生人面前，我们可以暂时重获一种新的平衡，而这是我们每个人都在不断尝试的：过去的自我和未来的自我，我们曾经是谁和我们正在成为谁。你的朋友和家人知道你曾经是谁，这往往让你更难去尝试做你可能会成为的人。可是你不是一块唱歌的料！你那么讨厌生物课，怎么会想去当医生呢？我真的无法想象你去做单口相声演员。而陌生人与我们的过去无关，在大多数情况下也不会与我们的未来有任何交集。他们创造了一个暂时的自由空间，去探索我们可能成为的人，无论这样做有多么天马行空。他们允许我们去尝试新的事情。在陌生人面前，我们可以任意选择、隐藏甚至虚构我们想要展示的一面。

一些比较极端的聚会是如此信奉陌生人精神，以至于他们组织的聚会完全是为了陌生人，也完全由陌生人组成。比如牛津大学教授西奥多·泽尔丁（Theodore Zeldin）的 76 岁生日庆典就是一个很好的例子。泽尔丁是法国著名的历史学家和哲学家，有着一头狂野的银发。他决定为陌生人举办一场自己的生日派对。于是他通过 BBC 向公众发出了邀请，欢迎任何感兴趣的人在特定时间前往伦敦摄政公园，去和陌生人交流，一起庆祝他的生日。

数百位宾客悉数到场，他们每个人都必须与一位陌生人进行一对一的交谈。每一组都会拿到泽尔丁发明的"对话菜单"，而不是食物菜单，并引导这两个人完成了六"道"对话。在"前菜"下方列的问题有"这些年你的生活重心是怎么变化的？""你的背景和经验对你有什么限制或帮助？"在"汤"一栏中，人们可以问"你生活中的哪些部分是在浪费时间？"在"鱼肉"下方列的问题是"你过去反抗什么，现在呢？"在"沙拉"下面的问题是，"你的同情心的极限是什么？"

新的眼光

事实上，你不需要邀请整个英国的人来参加你的生日派对，以提高客人中陌生人的比例。只要花心思去组织，你就可以把这种陌生人精神带到一群彼此熟悉的人之间。当我尝试在家庭聚餐和团队聚会上这样做时，我发现选择正确的问题和结构可以帮助熟识多年的朋友以新的眼光看待彼此。

几年前，我和我的丈夫去印度看望我们的祖父母与亲戚。我们决定邀请双方家庭成员 17 人共进一顿晚餐。我对大型家庭晚宴了如指掌，深知如果不做任何设计，堂兄妹们就会扎堆，祖父母们也只会彼此交谈，大部分的谈话只是闲聊。大家酒足饭饱，困意袭来，各回各家。当然，这不算是一个糟糕的夜晚，但我们想让它变得更特别。

我们决定借用"一五祝酒"的聚会模式，并进行微调。因为我们有很多家人完全无惧在公共场合唱歌，所以我们取消了唱歌规则，而是让每位祝酒人选择下一个祝酒人。受到 CAN 小组的"严峻时刻"的启发，我们请大家分享一个故事、一个时刻，或者"改变了你看待世界的方式"的一次经历。然后，我们又加了一个决定因素：这必须是晚宴上其他人都不知道的一个故事。在印度这样一个家人大于朋友的紧密社会中，对一家人提出这样的要求是非常疯狂的。但我们认为，这个晚宴可以让自以为了解对方一切的人用新的眼光来看待彼此。

一个堂兄开始聊起"我孩子的出生"，根据游戏规则和游戏目的，他选择的话题立刻遭到家人的反对：我们已经知道这个故事了！这个犯规和纠正为游戏的进行奠定了很好的基础，大家开始分享连至亲都不知道的故事。即使有一两人表示他们已经知道了某个故事，但当晚的讲述方式也揭示了一些不为人知的影响或含义。有一位姑妈是遗传学家，因为是女性，她说自己十几岁时就被告知不能当医生，这使她更加努力学习。另一位姑妈是一名公务员，她说自己通过了印度的行政服务考试，完成了军官培训，却连续几个月被派到地方治安官的办公室，从来不准前往现场。有一天，忍无可忍的她终于自己开着一辆卡车出去了，因为她不理解为什么他们不让她巡逻。一位当地的政府官员告诉她，不管她有多聪明，她总会受到不同的待遇，因为她是一个女人。

祝酒仍在继续，我开始注意到一件奇妙的事情正在发生。我们最初的目标是让双方的姻亲进一步拉近彼此的关系。但现在，更有趣的事情发生了：同一家庭的父亲、母亲、儿子和侄女正在以出人意料的方式了解自己的家人。一位耄耋之年的长辈回忆起 50 年前在一家大公司工作的时候，他发现他寄给电影院的广告胶片通常没有寄到电影院，或根本放映不了。他告诉我们他是如何解决这个问题的。瞬间，在这个时常沉默寡言、耳聋眼花的老人身上，大家看到了一位年轻气盛、精力充沛、富有创造力的商人。我的祖母因为羞于说英语，让我代为分享她的故事，而我也是几天前才知道这个故事的。这是一个关于她如何成为保守城市瓦拉纳西的首批进入贝拿勒斯印度教大学的女性之一的故事。她在7个孩子中排行老大，父亲对她疼爱有加，也正是他鼓励她去报名上大学的。在她上学的第一天，她的父亲出城去参加一个亲戚的婚礼。邻居开始抱怨他让女儿上大学违反了性别规范，但他可不是去听抱怨的。当他回来时，我的祖母已经很好地融入了班级。他回头再去问那些邻居，他们是否真的想让女儿辍学。即使她从一开始就不应该去上学，但事已至此，教育应该被中断吗？那一刻改变了她对父亲的看法，也让她明白了变化是如何发生的（缓慢地，由有特权的人作为守护者）。

当晚每个人都愿意参与进来，愿意尝试新事物，这让我很意外。我们通过新的眼光看到了彼此的另一面：一位胆大妄为的大学生祖母；一位革新立异的年轻高管祖父；在各自领域成为先驱的姑妈们，她们常常在家庭聚会上被降格为沉默的养育者。原来，对于那些我自以为很熟悉的人，还有那么多故事需要去了解和探索。我们无论如何都不是"陌生人"，但我们找到了一种注入陌生人精神的方法。

邀请的重要性

如果你想尝试这种以真实的自我（而非最佳自我）为中心的形式来组织的聚会，你就有必要事先提醒你的客人。我们从"一五祝酒"中学到的一个深刻见解是，你应该在一开始就尽可能明确地告诉人们，应该把什么带进聚会，应该把什么留在门外。这和我主张的开场方式相一致。

每当我在某次会议间隙或某个高档聚会上主持"一五祝酒"时，我都会用欢迎的措辞表达我们希望在聚会中避免炫耀和吹捧。为此，我邀请人们把生活和工作中顺风顺水的那部分留在门外。我们感兴趣的是不完整的部分，是他们还在摸索的部分。我们对他们事先准备好的演讲不感兴趣，而对他们毫不设防的语言和思想感到兴趣盎然。

在家庭聚会这种场景下，"一五祝酒"需要采取一种迥然不同的方式和一种不同的邀请形式。在家宴上，通常没有人会透露任何新鲜或令人意外的事情。如果我们想改变我们的家宴，就需要有人去引导它。这就是为什么我让他们把耳熟能详的故事留在门口，而把连自己的孩子都会倍感惊讶的自己带到屋内。

当我为某个商业团队在一场大型会议前举行"一五祝酒"时，我们还需要避免一种状态。团队经常以一种老套的方式互动，每个人都反复扮演相同的角色。所以我在欢迎仪式上指出了这一点，并告诉大家这次晚宴的根本目的是要尝试另一种聚会的方式，为每个人创造空间和机会，展示自己不同的一面，扮演不同的角色。通过说出我对他们的期待，并让他们把"旧我"置于一边，去尝试一些新鲜事物时，他们通常能领会我的意思。通常，但不总是。

在欢迎仪式上，这种暗示并不需要特别详细的说明，只需要一个强有力和提示性的示意即可。在第一次"一五祝酒"的晚宴上，我说了一些希望这个夜晚能更像一场婚礼这样的话。有人调侃道："是谁要结婚？"另一个客人回答说："今晚结束的时候我们会投票的！"大家都笑了。我知道，当晚的好戏开始了。

从那以后，几乎在每次"一五祝酒"时我都会这样说，"告诉我们一些会让我们吃惊的事情"或"把你的成功留在门口"或"没有必要有意无意地展露你的成就"。

我还发现，当人们的美德和成就被认可时，就更容易把这些虚荣留在门口了。人终究是人，尤其在专业领域，没有人想让自己显得软弱。但我发现，如果主持人能提前认可和宣扬他们的能力，无论是作为个人还是集体，都能减轻人们在活动期间总想要炫耀一把的压力。我事先会说一些类似于"你们之所以能在场，是因为你们都很了不起"之类的话。我认可了他们的杰出，然后补充说："也就是说，我们不想听你的个人履历或你有多优秀。我们已经知道了。"

主人啊，请你现身

如果要让客人更真诚、更真实地与人分享，仅仅表明你想要什么和不想要什么是不够的。在聚会的一开始，你作为主人需要以身作则，身体力行。

如果你希望帮助客人变得更真实，你首先需要做真实的自己。当我主持这些晚宴时，我会一心一意地关注祝酒人，认真倾听，展现我希望他们展现给我的那种自我。在我谈到我的月事派对时我就是这样做的。在处于劣势的情况下，我通常会讲一些反类型的故事，强调一些有关我的其他细节——在工程学校学习或者对烹饪一窍不通，从而让大家能认真对待我。我究竟为什么要讲一个 11 岁的故事，而且还关于我的经期呢？因为很少有故事能比这更清楚地告诉我的客人，我愿意真诚地与他们交流，他们也可以这样做。

关于经期的那个故事只是我的灵光一闪，但我的一个荷兰同事贝尔纳杜斯·霍尔特罗普（Bernardus Holtrop）则真正地遵循了这样的分享原则。当我和他一起策划了一次由几百位商界领袖参加的会议时，他确实让我大开眼界。霍尔特罗普和我们分享了他的一个专业建议：为了让这个群体变得脆弱，促动师自己需要分享一个更私人的故事。我们的意愿程度决定了整个群体的参与深度。无论我们分享了多少，客人总会在这基础上打点儿折扣。实际上，我们必须成为一名参与者。

风险管理

当你要求人们更深入地分享他们深藏内心的东西时，你必须管理好你所鼓励的冒险行为。有时，这意味着鼓励人们冒更大的风险，而有时，你需要安慰害怕冒险的人。

我们在"一五祝酒"上建立的唱歌规则是一种鼓励人们冒险的方式。通过让不积极参与祝酒存在罚唱歌的可能，我们平衡了两件事的风险。人们必须决定哪一种情况更糟：提前祝酒还是唱歌。唱歌规则也在尾声的时候制造了一些有趣的小插曲。当三四个人突然意识到有唱歌的风险时，他们开始抢着碰杯，确保自己不是最后一个祝酒的人。

作为主人，关注不同个性的人的需求也很重要。无论这个人有多么外向，都没有人愿意觉得自己是因为别无选择才只好分享一个非常私人的故事。选择一个一般性的主题之所以很管用，是因为人们可以在这个主题中获得很大的自由空间，来选择他们想要触及的深度。虽然我们要求在场的每个人都参与，但人们可以自己决定他们想要分享什么，分享多少。这种弹性选择空间使人们能尽情地参与进来，而不会对当晚的聚会憎恶不已。

身为圣公会牧师的伦·林（Leng Lim）也是一位促动师，他用游泳池来比喻人们的不同程度的舒适空间。他举办了一系列的聚会，有些在商学院，有些在他的农场。他邀请所有人都与他亲密接触，但也明确表示，每位参与者都可以选择自己的舒适空间。

"我画了一个游泳池，"林说，"有深水区和浅水区。你可以选择你想进入的任何区域。如果你愿意分享你最深藏的秘密，可以。你也可以在浅水区徘徊，只分享一些无关痛痒的秘密，但是只要进入这个泳池，就意味着真实，所以请带给大家一部分真实的你。"他说，"邀请大家进行亲密接触，但可以自由选择深度很重要"。要让"一五祝酒"变得既亲密又不咄咄逼人，就应该让每个人能够自由选择他们想要揭露的内容和深度。

第七章

创造良性争议

THE ART OF GATHERING

HOW WE MEET AND WHY IT MATTERS

温暖已经说得够多了，让我们来聊一聊热度吧。

一些聚会的组织者经常问我，虽然他们在追求真实性，但是他们对趣味和热度的兴趣要比温暖和有爱多。经验丰富的聚会组织者不仅知道如何让人们分享和产生联系，还知道如何让事情变得妙趣横生且有一定的争议。

在上一章中，我们讨论了通过分享共同点从而产生共鸣。本章我们将探讨如何在聚会上充分利用我们的差异来让聚会升温。我认为，良性的争议和一个聪明的主人能为聚会增添活力和生命力，同时也具有明确聚会目的的效果。这有助于你利用聚会去回答宏大的问题：你想做什么，你所坚持的是什么，以及你是谁。良性的争议可以提升一个聚会的重要性。

不要避开谈性、政治和宗教

也许你和我一样，在成长的过程中被"在聚会中不要谈性、政治和宗教"的教诲所洗脑。这条避免危险趣味的戒律流传甚广。就我个人而言，我认为没有什么比这条糟糕透顶的建议更能解释为什么聚会的平庸有时让人感到乏味了。

不要惹是生非的传统和人类一样古老，而禁止在聚会中引发争议的正式禁令至少可以追溯到 1723 年。当时共济会（Freemasons）是一个迅速发展的秘密组织，其成员之一詹姆斯·安德森牧师（Reverend James Anderson）为英格兰第一总会（Premier Grand Lodge of England）起草了第一部宪法。这份文件明令禁止"做或说任何冒犯性的事情，或可能妨碍轻松自由对话的行为，因为这会破坏我们的和谐，危害值得赞颂的目标"。共济会采纳并推广了一种理念，而这种理念将成为聚会者的错误试金石：表达分歧无益，和谐永不破碎。

150 多年后的 1880 年，托马斯·伊迪·希尔（Thomas Edie Hill）在他的著作《希尔的社会与商业形式手册》（*Hill's Manual of Social and Business Forms*）中提出的建议，体现了这种思想的持续生命力："不要在众人面前谈论政治或宗教。你无法转变你的对手，他也不能改变你。讨论这些话题除了会挑起情绪外，没有任何好处。"1922 年，艾米丽·波斯特（Emily Post）在她的著作《礼仪》（*Etiquette*）中，建议人们避免所有负面情绪。"谈谈你认为对方会喜欢的事情。"她写道，"不要详述疾病、不幸或其他不愉快的事。最有可能树敌的人往往是那些聪明绝顶的人。"

你一直感到疑惑，为什么这么多的聚会都是在浪费时间和催人入睡。

这些建议一直延续到今天，在媒体和在线论坛上广为流传。在 Quora 上，一个题为"为什么讨论性、政治和宗教被认为是粗鲁的"的帖子中，一位自称从 6 岁起就阅读礼仪指南的女士写道："礼仪的目的是让人们感到受欢迎和舒适，所以何必要没事找事呢？"职业网站 Glassdoor 上的一篇文章对政治、性和宗教这邪恶的三个主题提出了警告："在你犯下可能危及职业的错误之前，你应该远离职场中的这三个话题。"

这个建议的有趣之处在于，即使是那些认为自己没有遵循它的人，如今也在遵循它。许多聚会者遵从它的精神，即使他们不同意这种说法。他们这样做是为了将聚会的和谐性置于争议性之上。一些大学的成立宗旨是包容争论和辩论，如今却经常取消对一些学生而言太有争议、太出格的演讲者的邀请。乔治·W.布什（George W. Bush）政府时期的国务卿康多莉扎·赖斯（Condoleezza Rice）因学生抗议而被迫退出罗格斯大学（Rutgers University）的毕业典礼演讲。国际货币基金组织（International Monetary Fund, IMF）总裁克里斯蒂娜·拉加德（Christine Lagarde）在史密斯学院（Smith College）发表演讲前夕也遭受了同样的对待。前美国第一夫人米歇尔·奥巴马（Michelle Obama）痛陈自己的看法，并鼓励学生"奔向噪声，而不是逃离噪声"。（大概不是在明德学院（Middlebury College）所发生的那种噪声。社会学家查尔斯·默里

（Charles Murray）来演讲时，学生们用身体挡住他，阻止他进入大楼，并伤害了接待他的一位女教授。）

这不仅仅发生在校园里。事实上，我参加过的每次会议或行业聚会都有专题座谈会，但是每次都枯燥无味，呆板无趣。确定座谈会主题的人会选择他们能找到的最温和的想法，比如关于合作或伙伴关系、繁荣或搭建桥梁、新视野或新增长。他们遵循共济会的真言，避免"破坏我们的和谐"。在选择主持人时，他们的人选似乎都受过艾米丽·波斯特的传统训练，能让事情缓和下来，防止"不愉快"的爆发。你最近一次听到主持人问一个很刁钻的问题而不是当和事佬是什么时候？你最近一次看到几位小组成员就一些值得争论的问题而辩论得面红耳赤是什么时候？与大学一样，座谈会也是一个以辩论为荣的场所。但事实上，它已经屈服于必须不惜一切代价避免争议的教条。

客户经常告诉我他们想办一个"大会堂"来鼓励人们各抒己见，说出他们的真相。而当这一天终于到来的时候，如果我没有设法控制住场面，"大会堂"就会被那些陈词滥调所淹没，让那些主事的人相信他们的管理是明智的，还是让一切保持原样比较稳妥。当我挑战组织者的时候，他们经常告诉我，在群体中引发争议太冒险了。

我们如何才能创造一种聚会，让它既能保持热度，又不会让人被熊熊烈火灼伤？我们如何引起良性的争议，并让整个群体从中受益？

笼战不只是拳手的比赛

有时，让和谐凌驾于一切之上只会让聚会变得单调乏味。但情况往往比这更糟：和谐的目标深入聚会的核心，成为一种虚假的目的，掩盖了聚会的真实目的。下面就是我在一家非常注重礼仪的建筑公司工作时发生的事情。

"普里亚，我们需要更多的热度。"我的客户紧张地在我耳边低语道。

他正目睹一场被标榜为"关于公司未来"的具有争议性的谈话演变成一场礼貌而愉快的讨论。那是一个建筑师团队的聚会，他们需要思考公司的长期愿景。整个上午，我们都在想象不同于传说的未来场景，比如一个不需要新建筑的世界，他们最大的客户是天主教会，或者他们已经成为一种服务型公司。这些挑衅性的提示是有意设计的，目的是创造一场能触及辩论议题核心的对话：他们是想继续做实体建筑公司，还是想转型成一家体验设计公司？

在这个问题上大家存在严重的分歧，这就是为什么他们要我来组织这次聚会。但随着谈话的深入，你预料不到会发生什么。在座的每个人都面带微笑，友好和睦，彬彬有礼。每当有人冒险涉足最根本的争议，他们都会避而不谈。

我试图把这个群体引到让他们产生分歧（而不是团结）的问题上。"让我们回到安妮的想法上来。"我建议。但他们太了解公司的主要准则之一了：避免任何可能引起骚乱的事情。我知道在我们中间潜藏着不和谐的情绪，只是没有爆发出来而已。我必须尝试一种新的方法将他们的真实想法引导出来，否则整个会议将一无所获。

在那位极其开明的客户的帮助下，我们在午餐时段开始私下谋划。这位客户本人不是建筑师，但为建筑师工作。趁大家不在场，我和他重新布置了房间，拿了一些毛巾，并在 YouTube 上找了电影《洛奇》的一些原声插曲。我们正在准备一场笼战。

当建筑师回来时，他们看到了两幅巨型海报。一幅赞美一个叫作"大脑"的角色，另一幅赞美一个叫作"身体"的角色。每幅海报上都有一位拳手的身体，拳手的头部被匆匆放上了一位建筑师的头像图片。我们选择了两名建筑师，他们有魅力、幽默风趣又伶牙俐齿。当他俩看到海报时，立刻捧腹大笑起来。我们为他们打造了惊喜，也没有给他们太多思考的机会。

我欢欣鼓舞地走到人群中，宣布即将开启一场笼战，规则是：在第一轮比赛中，每位拳手将有三分钟的时间为自己的队伍做出最有力的论证。"身体"必须据理力争，阐述为什么公司在接下来的100年里，绝对应该继续专注于实体建筑和建造大楼。"大脑"必须舌灿莲花，主张公司应该成为一家设计公司，因为这是一种越来越受欢迎的无形业态，承担着在医院制作标识或在机场组织流水作业等工作，但不一定要建造房子。这是一种既能与时俱进，又能坚守核心才能的选择。

我不确定建筑师是否会参与进来，我也看到他们在观察同事会不会参与进来。我保持着自己的活力和自信的声音，努力帮他们克服犹豫和迟疑。

每位"拳手"都被分配了一位教练（组织团队的一员），并拿到一块白色的小毛巾。每位教练都站在选手身后，开始按摩他们的肩膀，低声建议。在两位拳手缓缓转头的刹那，那架势好似真的要打斗一场。没有人知道我们所说的"笼战"到底是什么意思。他们真的要打架吗？到底发生了什么？

然后，我向小组的其他成员公布了他们的角色。他们必须听取每位拳手的观点，并选择他们最认可的一方。最重要的一条规则是：他们不能保持中立，必须支持一位拳手。每一轮比赛结束后，拳手都有5分钟为下一轮的辩论征求建议。在第二轮比赛中，每位拳手将有3分钟为下一轮比赛做准备。

我鼓励观众发出一些声音，欢呼也好，起哄也罢，只要能让拳手感受到观众的支持。第二轮比赛结束后，观众将有机会做出最后的决定，选择自己要支持的选手。我再次强调，每个人都必须选择自己的立场，因为我知道这群人有模棱两可的倾向。最后，三名独立的裁判（行政助理们，他们在房间里提供行政支持）将对这场"建筑丛林之战"的获胜者做出最后的判定。

大家开始兴奋地交谈起来。随着《洛奇》电影插曲的音乐响起，现场发出了此起彼伏的欢笑声。"身体"站起来，开始向"大脑"做手势，淘气地揶揄他。这场聚会终于进入状态了。在接下来的20分钟里，因为这两位建筑师拳手的努力，这个原本古板、保守、文雅的群体开始尖叫、发出嘘声、大笑、互相嘲弄起来，听着两位建筑师阐述两个强大、有趣、鲜明而又截然不同的未来。当有些建筑师变得优柔寡断，试图在两位选手中间做出中庸的选择时，之前温文尔雅的同事都急不可耐地催促道："你必须做出选择！"这场比赛充满了对抗、热度和争论，这正是我们所需要的。

在决斗的最后，"身体"获胜了。

这个群体所遭遇的和我们很多人所遭遇的一样：善意的初衷没能阻止在要事上缄默不言的习惯。他们没有把观点和想法开诚布公地讲出来，因而无法拥有一次丰富而诚实的对话，直面彼此之间的分歧，然后一起做出一个重要的决定。以息事宁人为由对要事避而不谈，存而不论，他们作为个人和整个公司都是在逃避自己最关心的问题，在拖延关于未来的难题。

在如此多的聚会中，我们因为担心引火烧身而对热度避之不及。争议当然是存在风险的，因为世事稍不留神就可能万劫不复，所以我们不愿冒一丝风险。但是，我们也因此浪费了无数个机会，让大家因共同关切的事情而被紧紧地维系起来。妥善利用良性争议，设计对话结构，关注我们通常逃避的事是聚会中最艰巨、最复杂，也是最重要的任务之一。如果处理妥当，这将是最具变革性的元素之一。

良性争议不会凭空出现

你或许会问，什么是"良性争议"？

良性争议是一种能够帮助人们更仔细地审视自己所关切的问题的一种争论，尽管产生良性争议有风险，但会令人受益良多。接受良性争议就是同意和谐并不是聚会中最崇高，更不是唯一的价值。良性争议让我们重新审视自己所珍视的东西：我们的价值观、优先考虑的事、不可妥协的原则。良性争议是具有启发性的，而不是附有保护主义色彩的。它可以带来比现状更好的事物，可以帮助社区获得思想上的进步，也可以帮助我们成长。

在争论的过程中，良性争议可能是混乱的，但当它起作用时，它具有澄清和明晰的效果，是废话和胡扯的强力解药。

根据我的经验，良性争议很少会凭空发生，它需要精心设计和规划结构。从定义中我们就可以看出，争议来源于人们关切和愿意为之争论的事，而大多数聚会都被有害的和睦或热度糟蹋。要么没有人发表由衷之言（有害的和睦），要么就以我所谓的"感恩节问题"而告终：一种完全混乱、被抑制的不满情绪，往往导致声泪俱下和大吵大闹，最终你的表哥宣布他以后将只参加他的"朋友节"。只有在有意为之并认真规划聚会的结构后，良性争议才更有可能发生。

在聚会上实现这种结构的方法之一，就要我们在笼战中使用的方法：通过仪式化，将争论从隐性的转变为显性的。我们创造了一个暂时的别样世界，一场拳击比赛使争论以一种诚实和坦率的方式被点燃，又不至于烧断后路。我们借用了在前面提到过的临时规则，使整件事变得趣味横生。笼战的目的就是斗争。如果他们无法在工作的背景和规范下进行辩论，我们就必须暂时改变这种背景和规范。为了保险起见，我们诉诸了仪式。

这就是 DoSomething.org 在举办一年一度的"社会公益笼战"时所做的。（宣传海报上写着："观看行业领袖在非营利领域的一些最有趣的话题上一决雌雄，比如，一个组织不能声称自己掌控着整场运动，海外志愿服务让白人救世主情结永存，社交媒体运动只是懒汉行动主义的另一种形式，'增强意识'没有用"。）他们选择了"社会公益"领域中的禁忌话题，将其置于镁光灯下，供听众（和演讲者）公开审视。

许多社会群体都有自己的一套笼战，通过仪式为冲突和争议开辟一片天地（从而消除其他领域的冲突和争议）。在秘鲁的楚姆比维尔卡斯省，村民每年都会聚集在一起互相斗殴，以庆祝耶稣基督的生日——圣诞节。在这个缺乏完善的司法制度的地区，战斗已经演变成在新年来临之前公开解决争端的一种方式。在楚姆比维尔卡斯，每年的1月都意味着一切从头开始。在南非的 Tshifudi 村，文达人长年举行一种叫古拳击的比赛，他们打斗的原因之一是解决和缓解挥之不去的争端所带来的紧张局势。56 岁的史利兹·德华纳（Tshilidzi Ndevana）是一名教师和父亲，也是古拳击赛事的主席，号称"拳击毒药"。他告诉《纽约时报》："如果社区里的人们出现了矛盾，他们就开始争吵，我们会告诉他们：'等等，别争吵，用一场古拳击解决吧。'"

20 世纪 90 年代末，邪典电影《搏击俱乐部》（*Fight Club*）捕捉到了美国 30 多岁男性给人的普遍感觉——他们正在失去男子气概。《搏击俱乐部》描述了一个每周六晚上的仪式：为释放这些男人的本性而举行的地下聚会。正如电影中的一个角色所说的，在这个聚会上，他们不必"成为去宜家买家具的奴隶"。《搏击俱乐部》体现了现代男性在日常工作和家庭生活中不应该做的所有事情：打架、好斗、感受疼痛、引发痛苦。《搏击俱乐部》借用了一个古老的理念，即通过将自己的黑暗面从日常生活中分离出来，开辟一片天地来安全地释放那些黑暗的能量。在这些不同形式的搏击俱乐部中，都有严格的规则、惯例和仪式，有开头、过程和结尾。的确，这些都是实实在在的搏击俱乐部，但它们所做的和我们的迷你笼战如出一辙：以一种安全、规范、建设性的方式将冲突公开化。

再把思绪拉回到你的聚会上，将争议仪式化有时候是有意义的，但不适用于每场活动。很多时候，离经叛道并不是一个好主意。想要安全地引出热度，关键在于发现群体中的热点议题，然后在基本规则的保护下，围绕该热点组织对话。这是我在策划一个有十多位领导人参加的会议时所采用的方法。这次会议要商议的是当今政治中分歧最大的问题。

热度图、安全空间和基本规则

一天我突然接到一通电话，问我是否有空去英国策划一场没有人愿意出席的会议。这是欧洲十多位国家公民领袖的一次聚会，他们都致力于同一热点问题，但角度截然不同。严格来讲，领导人在这个问题上的立场是一致的，但他们之间横亘着漫长而复杂的历史和浩繁的国内政治。他们受邀参会是为了反思他们做得失败的一个全球项目合作。没有人愿意承认这是一场失败的合作，至少彼此之间不愿意承认。我有三个星期的时间来策划这场会议。

组织者的态度是矛盾的，究竟是应该让参与者礼貌性地假装同意彼此的观点，还是应该火力全开，努力解决一些更深层次的争议性问题，包括人际关系和战略问题。一方面，他们认为为了维持这个联盟，最好还是假装一团和气；另一方面，这个国家公民领袖群体并没有成功地实现整体使命，也许是时候让事情顺其自然地发生了。我对这个领域完全不了解，也不认识这些参会者。于是，我开始着手策划一场良性的争议：制作一张热度图。

在几乎任何一个群体中，包括陌生人，特定的话题领域都会比其他领域带来更多的热度，如冲突、禁忌、越界、权力差异、虚伪、身份冲突等。我的工作之一就是要找出潜在热度的源头，然后决定如何加以利用。在教堂里，一个热点问题可能是会众中的同性恋婚姻问题，也可能是什一税和募捐款的使用方式问题。在新闻编辑室里，热度可能来自哪个故事可以登上头版和网站的最佳位置，或者尚未公布的裁员方案。在大学行政部门，热度可能源自传承生的处置问题或大楼的重新命名。当这些问题触发人们的恐惧、需求和自我意识时，问题就会产生热度。谨慎触碰这些元素可以为聚会带来变革性的改变，因为你可以从常规对话中挖掘出价值观的基石。

要解决这些充满热度的问题，你需要知道它们在哪里。所以，你应该制作一张热度图。你可以问自己（和他人）以下这些问题：人们在不自觉地逃避什么？什么是神圣不可侵犯的？什么没有被说出口？我们在保护什么？为什么？

在那家建筑公司，我通过聚会前的一系列一对一访谈了解到，他们最需要面对的问题是他们的身份：他们未来想成为什么样的公司？就这次政治会议而言，我也打算如法炮制。他们的热点是什么？哪些值得深究？我开始着手操办了。

　　我首先通过电话采访了每位领导，试着与每个人建立信任和融洽的关系，并深入了解他们认为哪些是行不通的，哪些是核心问题。他们当中出现了两种观点：第一，根本性的分歧在于核心问题究竟是出在这项事业本身上，还是在于参会者，抑或是在整个事业和反对该项事业的人之间；第二，由于合作伙伴的组织在规模、资源和公众认知度方面存在差异，他们之间的所有互动都受到了影响，导致了巨大的权力失衡。

　　显然，影响力较小的组织比影响力较大的组织对事情的进展有更多的怨言，但大家都只是通过顾左右而言他的方式表达不满。他们计较着宣传册上的语言，龃龉着数据的共享，争论着谁能站上主席台，以及抗争着该在哪个国家的报纸上发表文章。这些看似琐碎的群体决定，其实对群体中的许多人来说象征着更大的问题，所以它们很重要。

　　在拨打了这些电话后，我创建了一个电子工作簿，其中我提出了一些问题，以进一步确定参与者眼中的核心问题。所有人都必须提前填好工作簿，并返还给我。我告诉他们，他们的答案将在会议中以匿名的形式被大声朗读出来。和那些保密的电话不同，他们知道他们写下的答案将被共享，即便是匿名的。通过这个转换，我将更深一层的风险引入了这个过程。工作簿中包含了关于参与者个人历史的线索，让他们回归到自己的核心价值观上："请告诉我一个曾深深影响你的时刻，这个时刻在某种程度上决定了你今天所从事的事业。"但大多数问题是在鼓励领导人谈论导致项目失败的原因，"如果针对这个流程或这个项目，你需要说一些政治错误或禁忌的话，你会说什么""你认为现在这个群体最需要展开什么对话"。

　　他们每个人都花时间填写了工作簿，而且幸运的是，他们都很开放和诚实。他们的声音和关切的事都是会场上的宝贵素材，帮助我主持一场对话，而不是笔战。我希望这能引发一场良性争议。

　　按照我的一贯风格，我坚决要求在前一天晚上举办一次晚宴。我可不想一走进会场就直面争议，我想先给大家热热身。我们为领导人组织了

"一五祝酒"晚宴，并选择了关于冲突的主题。我想把这个词正常化，让大家看到其中的作用。一开始，大家对这个主题感到些许疑惑，但很快祝酒就开始了。（因为很多人不想唱歌。）祝酒声回荡在整个夜晚里，告诉人们冲突其实无处不在，在家庭中、朋友间都会产生冲突，但最能引起共鸣的是内心的冲突。一些祝酒词揭露了这些领导人不为人知的一面，这是令人印象深刻的一堂课。而对第二天的会议有更重要作用的是，这提醒了大家，他们都是复杂的多面人，他们不是无所不能、无所不知的。一场良性的冲突可以将他们带入全新的领域。

在会议当天，我决定将现场设计成一个单一的群体对话。对这些日理万机的领导人来说，出现在一个国家的同一片区域已经很难得了，出现在同一个房间的机会更是千载难逢，而他们最真挚的群体对话往往只存在于私下或会议间隙。我想看看，他们是否有胆量对现实问题单刀直入，直抒己见。

为此，我的第一项工作就是设定基本规则。我询问了以下这些问题。

什么才能让你在此刻觉得有安全感？

你需要从这个群体中得到什么，才愿意在今天的对话中直抒己见？

利用时间询问这些问题能进一步事先调动你的客人，帮助他们在对话中抓住机会，并能更深入地去聆听。让他们一起参与到规则的制定中，而不是我单方面地宣布规则，建立规则的合法性。促动师可以说："这是你们自己想要的规则。"

然后，我开始了第二项工作：大声朗读工作簿的内容。我按照问题和主题组织了我的摘录，并尽可能地保持匿名性。我开始朗读他们的个人故事，一如往常，许多参会者都分享了不为人知而令人震撼的陈年往事。这些故事再次勾起了他们前一晚的心境，让他们重温当初的感动。在众多问题中，我特意花了大量的时间朗读关于禁忌问题的答案。我给每位参与者一本便签本和一支笔，让他们记下所有打动他们的词语和句子。在朗读的同时，我注意到人们都在奋笔疾书。这给了他们一些事情做，并能帮助他们记住这些词和语句。

朗读完工作簿的内容后，我抬起了头。人们都正襟危坐，全神贯注，一些人露出了奇怪的表情。无须多言，我要求在座的每个人分享他记下的两个语句。在短短的 20 分钟内，那些曾经不被言说的词响彻在每个人的耳边。一些语句被反复提起，彰显了群体内的共鸣。遮羞布被扯下了，没有一轮轮的拐弯抹角，只有单刀直入，打开天窗说亮话。在短短的 90 分钟内，现场充满了期待和解脱的氛围。

接下来的时间都围绕着最能引起共鸣的禁忌话题展开。我将他们的假设摆在彼此面前。在接下来的 6 个小时里，我使出浑身解数来引导他们的谈话。我们每次开会 90 分钟，然后休息，再开会，再休息，一直工作到午餐时间。当一些人开始主导谈话时，我会让他们停下来。必要时，我会指着一条基本规则，试着让更沉默的人参与进来。当两名参与者就某个话题产生紧张情绪时，我不会急着息事宁人，而是在判断这与整个群体有关后，再让他们更深入地探讨。有两位领导人同时提起了过去的某件事，其中一人说："没关系，我们可以私下讨论。"但有一位参会者（不是两人中的一个）指出，这一事件实际反映了他们中许多人之间的状态，她认为共同讨论这个问题将有助于整个群体，大家都表示同意。当着大家的面，我协助这两人解决了这个问题。

我一再督促参会者深入表面之下，深入藏匿于议题的假设中。当场面开始升温时，我会让他们慢下来，带领他们"潜入冰山之下"。我不会看那些浮于水面上的具体事件，而是会问他们，那些时刻是如何揭示他们的根本信仰、价值观和需求的。我会让他们所说的话变得更中听，这样即使他们不能苟同，也能表示理解。

整整一天，我都在鼓励他们作为一个群体去见证彼此，不仅仅是以礼相待，而是像笔战一样展开一场良性的争论。我会不断询问他们的状态，当他们需要休息时，我们就休息。这一天充满了欢声笑语和剑拔弩张，且往往发生在同一时刻。有一次，一个新成员表达了对谈话方向的担忧，她说："为什么我们要利用时间讨论这些负面的东西？我认为这毫无价值。"

我停了下来，没有辩驳，只是等待。这时，一位较为年长的领导人温和地看着她，说道："不，这是一种突破。25 年来，我们从来没有进行过这场谈话。"

通过直面热度，参会者开始窥视到了另一种更有效的互动方式。他们更清楚地理解了在什么领域合作是有意义的，在什么领域合作是没有意义的，他们终于一吐为快了。

渐渐地，我注意到有些参与者开始变得大胆，愿意冒更大的风险，坦诚地说出他们在工作簿上写的内容，并把在电话里告诉我的秘密全盘托出。在一天的对话结束时，大家同意继续更深入地进行这些对话，他们向前迈出了一大步。

从本质上讲，在任何聚会中寻找热度都是有风险的，但只要你能在搜寻热度的过程中设计好流程或结构，就有可能获得切实的好处。不过，这并不意味着每次聚会都应该寻找热度。只有当我认为热度能产生一些好结果时（好到足以超过风险和危害），我才会在聚会上引入良性争议。你也应该为你的聚会做类似的评估。

在写作这本书的过程中，我遇到了一位名叫艾达·贝尼代托（Ida Benedetto）的女士，是她创建了秘密地下聚会，帮助客人以一种安全的方式去承担他们通常不会承担的风险。贝尼代托和她的合作伙伴 N. D. 奥斯汀（N. D. Austin）自称"越界顾问"，她们也是 Sextantworks 设计事务所的联合创始人，以及"夜鹭"（Night Heron）等聚会的幕后促动师。夜鹭是一家非法藏匿于一座水塔里的地下酒吧。贝尼代托和奥斯汀还创建了一个名为"蒂莫西大会"（Timothy Convention）的虚构会议。蒂莫西大会是一年一度的"快闪族"聚会，在纽约标志性的华尔道夫酒店举行。在这个"会议"里，100 位陌生人佩戴着黑色领带来到酒店，并必须完成"无害的越轨行为"，比如"为酒店客人提供客房服务""在一个令人意想不到的地方穿长袍""为整个团队收集华尔道夫酒店的所有餐具""收集两张酒店客人的名片"，以及"在女服务员的壁橱里拍一张集体照"等。贝尼代托和奥斯汀被形容为"纽约最狂野的地下活动促动师"，他们的活动被形容为"你永远无法忘却的夜晚"。

虽然这些聚会看起来很轻浮，但在贝尼代托的心里有更深层次的东西驱使着她。每次聚会之前，她都会问自己两个问题：礼物是什么？风险是什么？她认为她的每次聚会都满足了特定人群的特定需求，但要想送出这份礼物，就必须冒一定的风险。"没有哪一件礼物是没有风险的。"贝尼代托对我说。她将风险定义为"对一个人当前状态的一种威胁，可能会破坏事情的稳定"。风险使礼物成为可能。

在贝尼代托的聚会上，风险通常是法律上和身体上的，比如擅自闯入废弃的建筑物。但也可能是心理上的：蒂莫西大会每次都是围绕着打破一个小小的禁忌或社会规范而设计的。事实上，整个聚会的目的是帮助人们"跨越界限"，通过改变他们心中的禁区，"转变他们与城市的关系"。

同样，如果你决定在下次聚会上引起一些良性争议，你可以像贝尼代托那样问问自己：讨论这个问题能带来什么礼物？风险是什么？值得吗？我们能小心处理吗？

第八章

天下无不散的宴席

THE ART OF GATHERING

HOW WE MEET AND WHY IT MATTERS

夜已渐深，有些客人可以彻夜狂欢，但有些客人已经睡意来袭。毕业班的最后一位同学已经上台领取了毕业证书。在会议的闭幕式上，人们都在摸索着行李牌，希望能尽快取回自己的行李，这是离别前的最后一顿全家早餐。你该如何结束这场聚会？你该如何让它在高潮时谢幕？你该如何优雅地说再见？

我需要你与我告别

之前，我们探讨了普遍存在的没有开场的开场这一现象。人们用后勤事务、公告、琐事或赞助商演讲作为开场，而不是用一支乐队和一顿丰盛的美食来吸引我们，迎合人们被欢迎和被请入的需求。现在，我们转向一个对应而又相反的问题：一种普遍存在的没有收场的收场。说到聚会，我们中有太多人真的特别可恶，他们从来没有真正地和任何人告别，就从此中断了联络。那个人可能会自欺欺人地说，他是在保持低调，但是客人就像浪漫的情侣，理应得到一个恰当的告别仪式。

聚会组织者略过收场不是因为他们品行恶劣，而是因为他们认定那是顺其自然会发生的事，好比聚会的其他元素，好比日落。但当在明尼阿波利斯的一次聚会结束时我才明白，聚会的结束一点儿也不像日落。否则，它早就如约而至了。

我当时正在策划一个基金会主办的一场研讨会，会议为期两天，任务是改变外部评估人员对基金会资助工作影响的衡量方式。这听起来很枯燥，但在非营利领域是一个至关重要且富有争议的话题。改变评估者所衡量的事项以及他们的衡量方式，会改变他们的研究结果，改变哪些资助工作是被认定有效的，哪些不是。这些变化反过来又可能改变基金会的资助内容。

他们已经准备好开诚布公他们对有效工作的假设，从长远来看，这可能意味着结束与某些非政府组织的关系，或者开始新一轮的捐赠。这种评估上的调整最终将影响基金会的身份，以及它作为美国慈善事业生态系统中资助者的角色。

在两天的研讨会中，我们的工作是了解并转变评估人员的评估方式。与其说我们要教授他们新方法，不如说我们要让他们接受甚至相信这种新方法。

作为促动师，我们把所有的准备时间都用在了会议的内容上。我们设计了角色扮演，筹划了复杂的对话，想出了一些方法来主持我们不完全理解的技术性对话。每一件事，包括每次会议、每次过渡、每次休息都经过了精心设计，甚至精确到每一分钟……除了会议的最后 10 分钟。就像日落一样，我们以为它会如期而至。

不知不觉，两天就这样过去了，现在我们来到了最后阶段，离活动正式结束还有 7 分钟。我们 3 个人都没有明确谈到将如何结束这场研讨会。首席促动师走上讲台，看了看手表，宣布了几条关于拼车去机场的信息。听众转过身来，聚精会神地望着她，他们还在等待着什么，房间里充满了一种期待感。她就这样望着大家，也许在她看来活动显然已经结束了。宾客依然盯着她，翘首以待。"谢谢各位！"她喊道。大家依然目不斜视地望着她。她又试了一次："我们结束了！"在尴尬的一阵冷场后，大家终于意识到没有下文了，在一阵嘈杂声中，他们拎起了自己的包，离开了。

我们没有收场，既没有估量他们这两天的收获，也没有衡量研讨会的成效，更没有讨论他们将如何把这两天的收获带入他们的日常工作中，比如用一种新方法重新培训他们的研究员。我们只借助了最基本的时钟去划分结尾。在聚会最重要的两个时刻之一——结尾时刻，我们仅仅提供了一个巨大的空白。即使宾客似乎要用望穿秋水的眼神挑战这种空白，我们也依然拒绝以有意义的形式去收场。

我知道很多人都会犯这样的错误。聚会在晚上 10 点匆忙收场，因为请束上是这样说的。一次失败的会议在下午 3:30 后闭幕，因为议程上已无其他事项。学校课堂在早上 8:32 结束，因为已经打铃了。在我们的聚会中，主人往往消极地让一切消逝，而不会设定一个具体的结尾时刻，准备一场真正的告别。我们有太多的聚会有始无终，但它们只是停止了而已。

收场的重要性

即兴表演老师戴夫·索耶（Dave Sawyer）曾告诉我们，优秀的演员和伟大的演员的区别不在于他们如何登场（每位演员都会思考和筹备自己的登场），而在于如何退场。优秀的演员会以戏剧性的方式登场，快速进入角色，讲台词，然后就认为他们的工作已经完成了，于是匆匆地离开舞台。伟大的演员则会花同样多的时间思考他们该如何退场。伟大的聚会主人亦然。因为就像伟大的演员一样，伟大的聚会主人清楚凡事有始有终将会塑造人们的体验、意义感和回忆。

还记得那个能在前 16 节就判断出他是否会喜欢这部歌剧的尼奥·穆扬加说过的收场吗？歌剧第二个重要的部分就是"乐谱的最后四页"。他解释道：

> 作曲家在最后必须彻底呼应乐团所演唱和演奏的第一个音符，指挥家也需要在结尾将音乐所创造出来的别样世界推向消失的边缘，让听众从一个被魔法般召唤出来的世界里回归到现实中。

听起来很难，对吗？但这个标准并不像听起来那么不可捉摸。就像穆扬加听的歌剧一样，你也需要在聚会中创造一个暂时的别样世界，也同样有义务帮助客人脱离真实世界，带上他们想要的经历，重新回归到最初的世界中。

你也许会问，具体该怎么做呢？其实，它可以像一位教授的惊喜龙舌兰聚会一样简单。

迈克尔·约翰·史密斯（Michael J. Smith）是弗吉尼亚大学（University of Virginia）的教授，他很擅长收场。他在大学里负责教授政治和社会思想课程，这是一个为期两年的高强度研讨课程，需要带领各班 20 名学生完成严格的政治哲学学习。课程的最后需要提交一篇论文，学生都花了一年多打磨这篇论文。最后的几周往往会让人心力交瘁，很多学生都会焚膏继晷地工作，他们可能从来没有体验过如此强大的工作量。

每年，史密斯教授都会让学生在 4 月的第二个星期五的下午 5:00，把毕业论文慎重地交到他的办公室。大多数教授只会在办公室门口留一个盒子，让学生把装订好的论文放在里面，然后离开。但令学生又惊又喜的是，史密斯教授会在约定的时间站在办公室里，端着一盘龙舌兰酒恭候他的学生。沿着走廊走向他的办公室，手里捧着两份打印好的论文，你不必把论文塞进盒子里，因为史密斯教授会热情地欢迎你参加一个惊喜派对，让你开始论文完成后的生活。通过用一个简单的收场来结束一切，他改变了提交论文的方式，创造了一个让学生永生难忘的时刻（包括我自己，我是一名 2004 届的学生）。

接受它

聚会收场的第一步更多的是精神上或形而上的：你必须首先接受"天下无不散的宴席"的事实，你必须接受聚会的终结。

这个建议可能听起来很怪异，或显而易见。谁不会接受聚会终将结束的事实呢？人们总是来来去去，主人总要说再见。谁会不接受结局呢？

那么请你再观察仔细一些。在如此多的聚会中，一切终将落幕，总会有这样一个时刻，主人或宾客会制造一种微弱的、徒劳的拖延。我们常常认为这种努力是迷人的，有时也确实如此，但这也是聚会没有明确收场的征兆。我们强迫婚礼乐队演奏了三次《最后一首歌》，第一次尚且能弥漫出浓烈的送别意味，剩下的两次却像气球一样缓慢地向空气中释放告别的味道。只要有人不愿意回家，我们就让宾客继续留在餐桌上，即使有人已经开始昏昏欲睡了。我们在会议结束后组建 WhatsApp 聊天群，承诺要"让这份精神永存"。在该放手的时候，我们却坚决要维持。

接受聚会的暂时性是聚会艺术的一部分。当糊里糊涂地延长聚会时，我们不仅生活在否认中，而且剥夺了让聚会有一个刻骨铭心的收场的机会。

我曾经带着一个奇怪的想法去见一对禅修夫妇。我想知道，作为帮助人们直面自己对结局抗拒和逃避的专家，他们是否能传授一些经验给聚会组织者。

罗伯特·乔多·坎贝尔（Robert Chodo Campbell）和科申·佩利·埃里森（Koshin Paley Ellison）经营着纽约冥想治疗禅修中心（New York Zen Center for Contemplative Care），该中心以新颖且体贴的方式帮助人们面对死亡，因此得到了广泛关注。我知道你在想什么。怎么说起死亡了？我只不过想要有一顿美味的野餐罢了。但我不止一次地发现，未能圆满收场的根源在于对结局的逃避。对于我们为什么要逃避结局和该如何接受结局，思考最多的人，恰恰是那些花大量时间思考死亡的人。

从禅修课程到学生训练再到临终关怀，禅修中心提供各种各样的服务，但贯穿其中的主线是对一种文化的反击。僧侣们认为这种文化是在逃避死亡和结局。例如，在美国，越来越多的人希望将葬礼当成一场庆祝活动，而不是供人吊唁或悲恸的场合。在 2010 年的一项调查中，48% 的受访者说他们更喜欢"庆祝生命"，而只有 11% 的人想要举办"传统的葬礼"，甚至 1/3 的受访者说他们根本不想举办葬礼。这种庆祝生命的想法乍看很先进、很无私，但僧侣们认为这剥夺了人们真实感受死亡的经历。在禅修中心，他们追求相反的哲学，尽他们所能地让人们真切地面对结局本身。例如，当社区里的一个人去世时，僧侣们会鼓励他的家人亲手清洗和包裹尸体，并把尸体抬下楼，而不是乘电梯。他们鼓励人们面对死亡的事实，而不是逃避它。他们让人们意识到，原来自己是可以面对和处理死亡的。

在禅修中心提供的服务中，有一项为期9个月的"冥想治疗基础"培训，旨在教导每组20～30名学生如何用一个"慈悲的方法来实现人生的转变"。具有讽刺意味的是，有些学员虽然报名参加了这个项目，学着坦然面对结局，却在最后一节课时没来。僧侣们告诉我，整个项目每年的出勤率几乎是100%。然而在课程的最后一天，总会有一些学生翘课。"他们不是生病了就是有急事要做！真的很神奇。总会有突发事件。"科申说，"总有三四个人不得不去观看儿子的球赛，不然他们就会来上课了。"

学生经常向老师要求延期。"在最后一周，几乎每个小组会问我是否可以延长两周。我总是说，'不行，已经结束了。你们注册了八周的课程，现在已经八周了'。但每个小组都会这样要求。"科申说。僧侣们从来不会答应这些要求。"因为生命无法延长，生命是有限的。有一个开始、一个过程和一个结尾。在一个群体中也是一样的。一旦经历了过程，现在我们该做什么？我们要重新梳理。到底是什么让你们不希望结束这个小组？"他问道。

了解到学员中存在的这个趋势，科申和罗伯特试着帮助学员为班级的解散做好准备。在课程开展过半的时候，他们会和学员讨论这个班级的"中年生活"。"看看你的四周，去体会那种感受，看看你们的关系发生了什么变化。"他们会说，"我们现在已步入中年，再过四个半月这个班级就会解散。在剩下的四个半月里，你们需要在这段关系中做些什么？你们的离开方式是什么？你们的习惯是什么？"他们利用这个班级和作为班级一分子的经历，帮助学员审视自己"结束一件事的习惯"。

他们这样做的目的何在？"因为天下无不散的宴席。"乔多说，"万事皆有结局。在某种程度上，我们的工作就是守住这份真理。不管你接受与否，结局终将来临。无论是在临终关怀上陪伴你在病床上的98岁的奶奶一周或一天，那终将结束。毫无疑问，无人能逃避。"他们会面向1000名医生做60分钟的讲座，让他们转向身边的人，试着做短暂的交流，同时要深深地望着对方的眼睛，然后在视觉引导下想象对方变老、变弱。接着，僧侣们会问："这对你和眼前这位陌生人的认识和关系有什么影响？"科申说："人们在啜泣。这简直不可思议。"正如一位僧侣所说，他们教给医护专业和非专业人士的关键是"你如何让他们拥抱一切，而不排斥任何东西"。

僧侣们发现，学员对最后一课的抗拒和人们对死亡的感受如出一辙。他们给自己设定的培训收尾任务也正是每位聚会组织者必须为任何活动设计的：帮助人们克服逃避有限性的冲动。作为聚会组织者，你必须有意识地设计一个收场，帮助人们面对结局，而不是逃避。

最后的招待

如果处理得当，开场和收场往往是相互呼应的。就像在开场之前应该有一段引导时间，在收场的时候，你也需要让人们为结束做好准备。与其说是引导，不如说是最后的招待。

在世界各地的酒吧里，调酒师会大声宣布最后一次点酒时间。为什么？为了你可以为在那儿度过的最后时光做准备，为了让你解决在那个酒吧里的一切未尽事宜，无论是结账、点最后一杯酒，还是向哪个男人索要电话号码。宣布最后的招待能让客人都意识到今夜的结束。我相信，无论是家庭聚会还是工作聚会，都能从这个理念中获益。

如果最后的招待能让我们的晚宴、大会和工作会议变得更好，我们为什么不采用呢？其中一个原因是，酒吧的打烊时间是一个一视同仁、不可避免的法律现实。而在其他聚会上，宾客有着不同的体验，聚会组织者通常不愿意强加一个一刀切的收场。

感知敏锐的主人会注意到一场活动正在慢慢冷清下来。也许有几个客人在揉眼睛，或者开始调换座位，又或者没有人再向小组成员提问。主人的难题在于，尽管大家都已经力倦神疲或心神不一了，依然有几个人精神抖擞，精力旺盛。在主持聚会时，最有趣也最容易引起分歧的难题之一就是，在这种情况下该怎么办。当有不少人开始显露倦意时，你应该结束整场活动吗？你会见好就收，还是会让你的客人作为你的向导？

在这个问题上，我和我的丈夫的分歧很大。他坚定地认为人们可以想待多长时间就待多长时间，而我则强烈支持先发制人地结束一场活动，给客人一个逃离的机会。令阿南德吃惊的是，在我们刚结婚的时候，我常常会在很多晚宴上突然脱口而出"非常感谢各位的光临"用以结束那场聚会。在我看来，我是在解放我的客人。他却认为，我是在把他们赶走。在他的家庭文化中，主人总是等待客人发出要离开的信号；在我的家庭文化中，谁都不能离开，直到主人宣布解散为止。

所以我们有了自己的"最后的招待"的版本。当我注意到酒足饭饱后的谈话逐渐沉寂时，我会停下来，感谢大家共度了一个如此美妙的夜晚，然后建议大家去客厅喝杯睡前酒。我会给那些疲惫不堪的客人一个离开的机会，但我和我的丈夫同时也会强调，我们欢迎每个人都能留下来。邀请大家移步客厅是一种软性的收场，在某种意义上，相当于最后的招待。打个比方，你可以买单，也可以点最后一轮酒。疲倦的客人可以离开而不显得粗鲁，那些意犹未尽的客人则可以留下。换了地点的聚会又重新开始了。

最后的招待不是收场，而是"向外引导"的开始。正如我们的晚宴，最后的招待既可以是口头上的，也可以有其他形式。达里奥·塞奇尼（Dario Cecchini）会在他主持的丰盛晚餐接近尾声时摇响一个铃铛，表示夜晚即将结束。我认识一些经理，他们故意让助手在会议结束前五分钟敲会议室的门，以向他们（以及会议室里的其他人）发出会议即将结束的信号。这不是收场，而是给人们一个即将结束的信号。

何时，何人

也许你和我的丈夫一样，不愿意向别人发出任何让他们离开的信号。

但如果你已经接受了"最后的招待"的理念，接下来就该考虑时机问题了。当法律没有强制性规定时，你应该在什么时候宣布最后的招待呢？

在没有议程的非正式聚会上，时间问题尤其复杂。一方面，你不想破坏气氛，让自己成为那个扫兴的人；另一方面，你也不应该一直毫无节制地等下去。

英国女王伊丽莎白二世半个多世纪以来的派对促动师伊丽莎白·安森夫人（Lady Elizabeth Anson）建议，在至少还有 20 个人在跳舞的时候就应该结束派对。当然，她指的是一种特殊的聚会，但这个数字透露了一个原则：如果你等得太久，就会让人们觉得你被活动牵着鼻子走，而不是在主导这场活动。她曾对《纽约时报》表示："如果你让活动慢慢消失，那就是死亡。"她最大的遗憾是屈服于某些客人的请求，要求乐队在已经唱完最后一首歌之后再唱一首歌。"我犯了整个职业生涯中的一个错误，那就是被说服让乐队开始重新演奏。"她说，"这是一种失败。"

那么问问你自己：你那个相当于"20 个人还在跳舞"的时刻是什么？通过宣布最后的招待，你是否依然主导着聚会，而不是被牵着鼻子走？你什么时候应该见好就收？你要让聚会进行到什么时候才让大家都能尽兴，又不至于拖沓到众人都筋疲力尽？

谁又应该做出决定，宣布最后的招待呢？

在婚礼的前一天晚上，我们举办了一场夜间才艺表演。许多客人倾力演出，借鉴并改编了印度传统的桑吉特舞，这是一种通常由朋友和亲戚编排的舞蹈。在所有朋友表演完之后，趁着活泼喜庆的气氛，整场活动变成了一个舞会。欢愉过半，几个朋友要求我们播放一段婚礼视频，这段视频已经在前一天晚上的一场小型彩排晚宴上播放过了。我看向舞池，人们似乎跳得非常尽兴，但也有一些客人非常热切地想观看这段视频。虽然原先没有再播放一次的计划，但我还是屈服了，心想："如果这是客人想要的……"我们把音乐调小，播放了这段视频。我原以为这会很有趣，也可以作为重新热舞之前的中场休息。但在 15 分钟的视频结束时，客人已经意兴阑珊，准备回家睡觉了。这一晚结束了……我把这一计划外的最后招待的机会拱手让给了别人，放弃了自己的结局和收场。

另外，有时候让客人自己选择结束时间才是正确的决定。我就策划过许多持续到深夜且有自己节奏的团队晚餐。我曾在新加坡策划过这样一次团队晚餐，他们希望借机挖掘一些更深层次的冲突。也许是因为夜已渐深，或者是酒精在起作用，又或者是因为疲惫，到了晚上 11:30，就在我准备结束这个夜晚的时候，这些客人终于开始吐露真言了。在这之前我已经开始了最后的招待，通过一个"退场"过程，要求每位嘉宾用一个词描述自己的感受。一位客人打断了我说："我们刚开始进入状态。如果现在就上床睡觉，明天醒来洗个澡，回到那间会议室，今晚的一切进展都会荡然无存。我要求继续这场谈话，而不应该现在就收场。"有人点头同意，于是我有意地将收场的权力交给了这个团队。谈话最后在深夜 1:30 结束了。尽管大家都已经精疲力竭，但这个团队收获了一次情感上的突破。

收场解析

宣布了最后的招待以后，人们做好了结束的思想准备，夜晚在一点点地接近终点。你该如何收场呢？

一个强有力的收场存在两个阶段，对应客人的两种不同需求：往内看和往外走。往内看是花点儿时间去理解、铭记、承认和反思今晚发生的事，并作为一个群体最后再团结一次；往外走是准备好彼此分离，重新回到原来的世界。

向内看：创造意义和最后的连接

许多人（尽管不是所有人）将从反思刚才所发生的事中受益。聚会很有可能会改变许多其他的时刻，为了让它有机会充分做到这一点，在最后制造一点意义上的升华是至关重要的。这里发生了什么？为什么这很重要？

无论聚会是否为创造意义而开辟了空间，这都是每位客人自己应该做的事。我觉得那怎么样？我该怎么和别人说？一个出色的聚会组织者并不一定要让这个过程只在个体内部展开。相反，聚会组织者可能会找到一种引导客人进行集体反思的方法。

例如，TED 大会的组织者经常要求一位喜剧演员以 15 分钟的总结来结束长达数天的会议。（我们的开场大师巴拉通德·瑟斯顿也非常擅长收场，过去也曾完成过这项总结工作。）喜剧演员的任务并不轻松，他们必须在整个星期内认真倾听，然后站在数百名观众面前用幽默和极具洞察力的方式表达自己从众多时刻中汲取的会议意义。当一位母亲在每天的晚餐上，不仅询问孩子今天发生了什么，还关心他们的"玫瑰"和"刺"（一天中最美好的部分和最糟糕的部分），她是在帮助他们创造意义。当一支乐队在比赛结束后重新回到舞台上，为观众演奏比赛曲目的歌曲串烧时，他们是在帮助观众回味整场比赛。

然而，回顾只是往内看的一个方面，另一个方面是要让这个群体有一次最后的连接。让我们有一个时刻来肯定和回顾我们今晚是谁，而不是回顾我们做了什么。

复兴周末（renaissance weekend）就是这样一个聚会，它很好地实现了这种最后的连接。这个活动可以追溯到 1981 年，当时菲利普·雷德（Philip Lader）和琳达·雷德（Linda Lader）夫妇举办了一个家庭聚会，邀请了他们认识的一些有趣的思想者。由于雷德夫妇在工作中感到越来越孤立无援，所以想在除夕夜做些非同寻常的事。于是，他们邀请了 60 个家庭到南卡罗来纳州的希尔顿海德岛（Hilton Head Island）共度周末，这些家庭都是来自全美不同领域的朋友和熟人，他们要求每个朋友准备一些东西与大家分享。年复一年，他们一直在做着同样的事情。不过，自从他们的两位长期参与者比尔·克林顿（Bill Clinton）和希拉里·克林顿

（Hillary Clinton）成为全美焦点人物之后，他们就再也无法默默无闻了。25 年后，复兴周末已经发展成为一个组织和一系列的活动，拥有一位执行董事和五个遍及全国的年度周末。现在，参加复兴周末新年聚会的人数已经接近 1000 人。

组织者所宣布的聚会目的是建立跨越种族、宗教、年龄、职业和政治传统分歧的桥梁，鼓励人们团结一致，尊重不同意见。他们坚持平等集会，并将这种价值观嵌入他们的集会结构中，要求所有超过 6 岁（是的，是 6 岁）的参与者至少参加一个小组，并取消主题演讲。每次活动的议程都是根据那个周末参与者的兴趣而重新制定的。"如果我们看到有三个人养了大羊驼，我们会就此展开讨论。"复兴周末的执行董事艾莉森·盖莱斯（Alison Gelles）告诉我。

在四天半的节日里，某种亲密关系形成了。因为人们以家庭的形式出现，也因为每个家庭成员都被视为这个项目的贡献者，而且人们被鼓励展示自己不同的一面。盖莱斯告诉我，当你让一位国家安全专家不要谈论国家安全，而是谈谈他从爱情中学到了什么时，无论是对发言人还是听众来说，都会出现一些奇闻逸事。

在大费周章地创造亲密感和探索体验后，复兴周末是如何将集体体验维系在一起的呢？它如何最后一次连接这个群体，并肯定这种新的归属感呢？

答案是通过一个特别的闭幕会议，名为"如果这是我最后的讲话"。该活动共有约 20 名参与者，每个人都有 2 分钟的时间告诉大家，如果这是他们生命的终点，他们会说些什么。人们读诗，分享关于信仰的故事，承认自己的疑虑，回忆大大小小的悲剧。盖莱斯说："这是一种激励，一种感动，一种悲剧，在某种程度上也是一种纽带。"尤其是，这种活动通过让参与者思考他们实际的身体死亡，巧妙地提醒大家去面对其隐喻的死亡。但最重要的是，该小组在解散前正以一种戏剧性的方式展现自己。这就是我们曾经在一起的样子，开放、脆弱、体贴、风趣、复杂。连接一个群体对创造意义至关重要。

往外走：分离和重返

在做了最后的回顾和连接后，收场便可以进入第二阶段，即重新过渡回到最初的世界。这一阶段可由一个问题进行定义，即我希望将这个世界里的什么带回我的原始世界？

你的聚会与真实世界的差异越大，就越有必要创造一个强烈而明晰的结尾，从而让客人做好重回现实的准备。聚会连接得越紧密，部落感就越强，你就越应该帮助客人准备好部落的解散和重新加入其他部落的机会。

以"和平种子"（Seeds of Peace）为例，这是一个试图减少中东及其他地区冲突和苦难的夏令营。在过去的25年中，每年7月，几十名来自特定冲突地区（包括以色列、巴勒斯坦、埃及和约旦，以及印度和巴基斯坦）的青少年都会聚集在缅因州的奥蒂斯菲尔德。在接下来的三周里，他们想要了解在精心设计的接触规则下，他们能否与那些本应不信任甚至憎恨的人一起创造一个别样的世界。

"和平种子"的组织者是营地顾问，他们许多人本身就是"和平种子"的曾经参与者。和许多夏令营一样，这里有湖、皮划艇、艺术和足球，但每天也有110分钟密集的促进性小组对话，由来自冲突各方的青少年聚集在一起，进行更深入的促进性对话。

在夏令营的过程中，这些曾经彼此陌生的青少年开始改变他们的观念。三个星期后，当他们马上要踏上回家的巴士时，许多人相拥而泣。他们从理论上的敌人变成了有血有肉的朋友，但让学生能够重新回到彼此截然不同的现实中，也是营地顾问的一大重任。

"重返"一词常用于冲突解决过程中，在这里指的是帮助那些在对话中经历了紧张气氛的人重回最原始的情境。虽然常被用于极端情况下，如士兵凯旋或囚犯刑满释放，但即使在最普通的日常聚会中也存在一种重返元素。作为主人，考虑到客人与你共度的经历，你可以帮助他们考虑在重回现实时希望带走什么。在"和平种子"中，既然参与者是一颗"种子"，那么他们将如何在这片充满敌意、脏乱不堪的土地上扎根呢？

在"和平种子"里，露营者在夏令营结束的倒数第三晚就开始了重返现实之旅。在晚间才艺表演结束的时候，夏令营的负责人莱斯利·勒温（Leslie Lewin）走上大厅舞台，发表了她的结束致辞。突然，灯光熄灭了。在大家都以为是技术故障时，金属乐队（Metallica）的一首 *Enter Sandman* 开始缓缓响起。在黑暗中，数十名营地顾问跑了进来，头上和手臂上缠着蓝蓝绿绿的荧光棒。他们欢歌热舞，然后奔向了大厅后面的那片湖。同时，另外两名负责人跳上了舞台，向茫然不解的露营者解释了刚刚发生的一切。其中一人说："欢迎来到'色彩游戏'。在接下来的几天中，我们将展开一系列的活动。你们将很快地被分为两组，但仍将坚守我们作为一个社区一直恪守的价值观。在分别加入蓝队和绿队后，你们将有机会尝试新事物，跳出自我。"就这样，在露营者不知情的情况下，重返外部世界的旅程已经悄然开始了。

在接下去的两天中，露营者参与了一系列的竞赛活动，从攀岩到皮划艇比赛，从杂耍表演到 Hajime 的活动比赛。在这两天的色彩游戏中，一种全新的（任意的）身份，蓝色或绿色，在每个"种子"中被有意地锻造。"多年后，当种子们重聚时，他们总会提及色彩游戏，认为那是最具变革意义的体验。他们也清晰地记得自己是蓝是绿，是赢是输。"营地负责人之一凯尔·吉布森（Kyle Gibson）告诉我。

色彩游戏在颁奖典礼上达到了高潮。大家都聚集在湖边，静候冠军的诞生。获胜队伍可以先跑进湖里，其余人紧随其后。然后浑身湿漉漉地跑回自己的床位，脱下目前颜色（和色彩游戏中的身份）的衣服，换回原来深绿色的和平种子 T 恤。

色彩游戏的每一步都是为了帮助他们重返自己的家庭生活。除了趣味性和竞争性外，游戏还提供了一种体验。在这种体验中，露营者可以像换 T 恤一样轻松地穿上或脱下自己的身份。

当晚，露营者身着清一色的和平种子 T 恤再次相聚一堂，"平等再次降

临"。一位营地顾问首次明确探讨了游戏中大家所经历的身份建构。他说的
大意如下：

> 看看你们的身份构建得多快啊！也许两天前你还没和这群人
> 说过话，但现在他们已经永远地铭刻在你对这个团队的记忆中了。
> 看看你们两天前是如何勠力奋战的，而现在绿队已经不复存在了。
> 这是一个团队的构建，也是一项有价值和互利共赢的事业，但我
> 们也该注意到，我们是多么迅速地凝聚在这个身份周围啊！

接着，他引申到了社会："人类总做群体性思考。在蓝队和绿队中，这
可以是一种'善'的力量。但当人们迅速凝聚在仇恨或怀疑周围时，这也
可以是一种'恶'的力量。"通过色彩游戏，他们让每位露营者都铭记了一
个核心的道理：身份是如何创造的。

露营最后一晚的最后一部分叫作"生命如种子"。营地顾问讨论了回家
和回家的挑战。已经经历过重返过程的露营者在小组中领导了讨论，帮助
"种子"反思了以下问题：

> 回家意味着什么？
>
> 你感觉如何？
>
> 是什么让你感到焦虑？
>
> 你对什么感到兴奋？
>
> 你认为你可能会面临哪些问题？

其间，"种子"回顾了过去几周的相聚，并将脑海中的画面与即将重
返的世界结合起来。第二天早晨，接他们的大巴已在门口静候，露营者进
行了最后一次整队。在过去三周半里，他们每天要整队三次。分离的事实
已近在眼前。大家交谈着，二年级学生也分享了一首首诗歌，但最后他们
终于收场了。几年来，营地负责人都会大声朗诵绘在淋浴房后墙上的一
首诗：

那晚我遇见了一位陌生人，他的灯烛已油干灯灭。

我驻足，以我之灯为他续明。

一场狂风暴雨随之来袭，震天动地。

当风雨终于平息，我的灯，灭了。

陌生人来到我的身边，他的灯烛依然荧荧。

他用那可贵的烛焰，还我摇红烛影。

然后，学生被解散，开始登上去往机场的大巴。大家依依惜别，无语凝噎。他们知道，一个月后"种子"会再度聚首，这给了他们在回家后依然坚守这个身份的力量。大巴缓缓地驶出了营地，他们最后一次敲响了营地的钟声。

寻找那条线

"和平种子"虽然听起来很美妙，但终究离你的花园聚会很遥远。如果你召集的不是以色列和阿拉伯人，而只是你的一些朋友呢？

极端情况的动态与普通情况的动态其实并没有太大的不同。极端情况的好处在于，它的动态更显而易见。无论你的聚会多么普通，如果你已经组建了一个群体，创造了一个暂时的别样世界，那么你也应该考虑帮助这个群体"脱离出来"，回到他们的另一个世界。无论是含蓄地还是明确地，你都应该帮助他们回答以下问题：我们在这里共同经历了一些事情，那么我们希望如何在这种情景之外行事？如果我们再次见到彼此，我们的共识是什么？我们将如何谈论这里发生的事情？我想从这段经历中带走什么？

在公司的拓展活动上，如果只有部分员工被召集，那么你如何让他们做好重返公司的准备，继续和副总裁、助理、研究员和实习生在一起工作呢？

在家庭聚会之后，你和你的堂兄妹以一种配偶在场时很难做到的方式连接在了一起，那么下一次配偶在场时，你们会如何？

帮助客人重返世界的一部分，就是帮助他们找到一条连接聚会世界和外部世界的线。这条线可以以口头或书面形式出现，就像一些会议在闭幕式开始时做的那样。他们为客人提供了一个机会，向群体公开承诺他们将如何以不同的方式向前迈进，并且通常有一面有形的墙，让人们在上面写下自己的诺言。这条线也可以是一封信，每个客人都可以写一封信寄给未来的自己，一个月后由组织者寄出。这条线还可以是一种实体符号，在某种程度上连接两个世界，正如我的母亲在她称之为"朋友圈"的聚会上所做的那样。

在我15岁那年，母亲提出要在家里的地下室为我和我的12名高中女同学每周举办一次聚会，帮助我们思考自己作为女性的身份和转变。她想用自己作为人类学家的经历来帮助我们应对当前令人困扰的转变。

母亲本可以只与我沟通，但她认为在一个群体中开展这件事存在一种更强大的力量。在学校，大家虽然能朝夕相处，但学校的环境毕竟和摆着12个枕头的地下室不同。在6周里，我们诚心相待，分享了自己的秘密和不安全感，学习了呼吸技巧和体育训练，帮助我们在学校坚守立场。在最后一次聚会上，母亲给了我们每人一只彩色的小螺旋手镯。当时我们谁都没有想太多，就把手镯套在了手腕上。

第二天一早，我依然戴着我的手镯去了学校。当我遇见其他女同学时，我发现她们很多人也都戴着这个手镯。这让我更加确信我并不孤独，也提醒了我要继续练习我们共同学习过的东西。这只手镯变成了一座桥梁，连接着那些特殊的夜晚和现实生活。

20年后，这个小组的"朋友"之一詹娜·皮罗格（Jenna Pirog）反思了这次聚会对她的影响。虽然聚会有许许多多的元素，但每次都少不了冥想训练。

作为一名 35 岁的女性，我现在能够理解北弗吉尼亚高中当时的社会动态。与我在大学或工作中遇到的情况相比，它们似乎显得相当平淡无奇。

作为一名躺在蒂帕地下室枕头上的 15 岁少女，我的认知如此有限，年轻的我头脑里充满了对找到自身位置的焦虑。冥想小组的成员来自我们年级的各个"阶层"。其中一个女孩儿也许是全校最受欢迎和受人喜爱的。我记得当时自己非常渴望成为她的朋友。另一个女孩儿的成绩非常拔尖，我害羞得不敢和她说话，担心她会认为我很无聊。其他一些女孩儿很擅长和男生调情，或者对自己的未来有明确的目标。

当躺在地下室的地板上，然后在蒂帕的厨房里吃饼干的时候，我们都是一样的，我们都很平静，且都是出于同一目的而参加聚会的，即学会冥想。这不仅给了我们一些话题，也让我们之间有了一些有趣的共同点。

在"朋友圈"里发生的事情并没有只停留在朋友圈里。在母亲的地下室，那个暂时的别样世界里，通过与朋友一起做一些奇怪的活动，我在学校里找到了新的连接，因为在这两个世界之间，有一条让我们重返的线。

聚会礼物也是一种常见而世俗的桥梁，但因为它们已经是一种"约定俗成"，所以往往起不到桥梁的作用。它们蕴含着反思和令人耳目一新的机会。在你下次赠送聚会礼物时，无论是在孩子的生日派对上还是在其他的特殊场合，比如工作活动，你可以问问自己：我可以如何通过这份礼物将一个短暂的时刻变成永恒的记忆？我曾在底特律为一位客户策划了一场节奏紧凑的会议，会后她给了我一个可回收的集装箱小摆件。这场会议关乎她的梦想，她希望在底特律一片废弃的地区开一家酒店，以吸引投资，从而让这片区域恢复活力，同时传颂人们在底特律的成长故事。多年来，这个小摆件一直被摆放在我的书桌上，提醒着我重建一座城市的希望。

现在，结局即将来临

你已经宣布了最后的招待，为收场创造了一个时刻，也已经帮助客人往内看了，并为他们做好了往外走的准备。你们的相聚时间即将结束，聚会已临近尾声。你该做什么？你如何完美收场？

我们先来说说你不该做什么。我知道摒弃用后勤杂事和感谢致辞作为开场的习惯有多难。现在，结局即将来临，被压制的感谢和杂事想在结尾喷薄而出。

但是，想都别想。

正如不应以后勤杂事作为聚会的开场，你永远都不应该用感谢致辞等作为聚会的收场。我曾应邀主持两位密友的婚礼，我们和新娘的父母、公婆以及未来的丈夫一起在新娘家的客厅里彩排婚礼仪式。在临近尾声的时候，我恰巧注意到他们的笔记上写着的"公告"二字。我提出了疑问。新郎回答说："嗯……在最后，我们想说，请与我们一道移步至大厅享用美食！"

我感到万分惊恐。

新郎的想法是，他在用一种既慷慨（我们现在要喂饱你了）又实用（食物就在大厅里）的方法作为收场。但和开场一样，收场是一个充满张力、塑造记忆的时刻。如果你想如你所愿地将感受和想法印刻在客人心中，有一个好的收场就至关重要了。

我试着说服我的两位密友，客人在退出仪式现场时自然会看到食物在哪里（就在隔壁房间）。他们理解了我的逻辑，决定以一个吻作为结尾，正式地以新婚夫妇的身份向大家示意，然后伴随着歌声，以一种戏剧性的方式退场，父母和客人紧随其后。几年后，那位丈夫和我说："我现在从来不用后勤杂事作为收场，甚至在我的幻灯片里都不会出现'谢谢您'这一页。"我自然是欣然不已的。

我不是说你不能感谢别人，我只是想告诉你，不用把感谢作为聚会的最后一件事情去做。一个简单的解决办法是，把它作为倒数第二件事去做。

我儿子的音乐老师杰西·戈德曼（Jesse Goldman）就很擅长这样做。他每周为仍在蹒跚学步的孩子开办 6 次音乐课，是一位深受人们喜爱的教师和创作歌手。在 45 分钟的课程临近尾声时，他会弹奏最后一首歌的第一个音符，那是戈德曼版本的最后的招待，提醒孩子课程即将结束。然后他会暂停一会儿，收住那个音符，并宣布：还没有把支票给我的同学请把支票给我，或下周没有课，或有人把夹克落下了。就这样，他在最后一首歌的第一个音符和第二个音符之间完成了这些后勤工作，然后他会唱完剩下的告别曲。这个做法既微妙又明智。

从最后的招待到后勤事务，最后再来一个戏剧性的收场，我们都可以对戈德曼敲击音符的习惯进行改动，设计属于我们自己版本的收场，充分利用好第一个音符和第二个音符之间的空隙。

另外，当你找到了合适的时机来表示谢意时，请尽量避免用平铺直叙的"谢谢你"来表达。你可以尝试用致敬的形式。

在太多的聚会中，当人们站起来滔滔不绝地道谢时，就意味着聚会要结束了。但问题是，人们常常目光呆滞，尤其是当演讲人照本宣科的时候。这并不是建议你不要公开感谢任何人，而是你需要考虑如何感谢，以及何时感谢。

不要用致谢的时间去描述别人的工作和职责范围，让领英（LinkedIn）去完成这部分工作吧。"感谢瑞秋领导的制作团队，是他们让一切稳步推进；感谢视听部的斯科特；感谢莎拉把后勤事务处理得井井有条。"没有听众会在乎你们的任务分工。相反，要找到一种方式向那个人致敬，而不是描述他们的工作职责。如此，你的感谢词才会对你的致谢对象和你的客人更有意义。

Daybreaker 是风靡世界各大地标城市的时尚晨舞派对。在我参加的那次 Daybreaker 上，我在临近尾声的时候目睹了一场美妙的致谢仪式。早上 6:00，数百人精神抖擞地开始了上班前的狂欢。大多数 Daybreaker 在秘密地点举行，而我参加的那次是在先驱广场（Herald Square）标志性的梅西百货（Macy's）地下室举行的。

在圣诞老人和圣诞夫人、新奥尔良铜管乐队、霹雳舞者、发光的毛衣，还有一个装扮成巨大蓝色陀螺的人完成了闭幕表演后，三个小时的派对临近了尾声。组织者之一拉达·阿格拉瓦尔（Radha Agrawal）拿起麦克风，请大家坐下。她点名感谢了梅西百货的团队，让大家知道梅西百货是冒着多大的风险做了这件疯狂至极的事：许多组织者前一天晚上彻夜未眠，他们都在忙着清理现场。他们跨越了巨大的信任鸿沟，接纳了300多个陌生人，并相信没有做偷鸡摸狗的事情。阿格拉瓦尔提醒我们，人必须抓住机会去做一些非同寻常的事情，这是她想让我们带回现实生活的一课。

她让感谢变得有意义，即向他人在活动开始前所付出的努力表达敬意。她把那些感谢的话语变成了一堂珍贵的课，而不是任务式、机械化的感谢。她没有用这些感谢作为收场，即便这大大拔高了尾声的高度。相反，她在结束演讲时分享了一首诗，这首诗是每场 Daybreaker 在结束时都会出现的固定项目。她明白清新又美好的结局是多么重要。

回顾你的目的

在收场的时候，或许有短暂的一刻可以追溯到故事刚开始的地方，即你的聚会目的。总有一种微妙的途径可以提醒人们，现在即将结束的故事为什么在一开始会发生。

我的朋友艾米丽向我讲述了一个她去牙买加为一个非政府组织做志愿者的故事。一天，她正在为乡下的孩子举办一个泳池派对，在接近尾声的时候，大家并没有制订"收场"计划，这让她忧心忡忡。因为在她出发前不久，我恰好给她讲过收场的道理。令她担忧的另一个原因是，这是一个至关重要的日子，比我们平时的泳池派对重要得多。那儿的许多孩子从未下水游泳过，尽管他们来自一个岛国。这一遗留问题可以追溯到加勒比殖民地的法律，因为担心奴隶逃跑，法律禁止他们游泳。艾米丽和其他志愿者，甚至孩子自己都深深地被这一天感动了，但在结束的时候，并没有什么能标识它的结局。

一辆校车在外面等待着。艾米丽知道，几分钟后这些孩子将不得不排着队颠簸地坐 4 个小时的巴士回家。所以她召集了尽可能多的志愿者，让他们排在前面的走廊里，等着孩子排队通过。当第一批孩子进来时，志愿者开始鼓掌、欢呼，并在孩子经过大厅时，与他们击掌、拥抱。艾米丽告诉我："孩子们看起来有些受宠若惊，不知所措，但他们也很欣喜，因为有这些刚刚认识不久却已建立深厚友谊的人为他们道别，给他们鼓励。"这个收场很好地体现了聚会的目的：告诉这群孩子他们的重要性。

在没有被我施加任何压力的情况下，我的公公以一种令人信服的方式回归到了他的目的，结束了他所教授的一门课程。他是华盛顿特区乔治·华盛顿大学商学院的教授，每学期末，他都会为学生准备三张幻灯片。第一张的题目是"工作与生活的平衡"，第二张的题目是"意义"，而第三张是他将朗诵的一首诗。他没有用课程复习来开始这最后一节课（这是一门关于管理咨询的课），而是警告大家咨询领域的诱惑，以及从一开始就不去挖掘意义以及工作和生活的平衡的深层含义。

"我建议他们不要等到危机爆发后才开始过平衡的生活。"他对我说，"要知道我们无法在每一刻都平衡好自己的生活。我督促他们考虑一下眼前的优先事项，这样在接下来的 18 ～ 24 个月里，他们的生活或许能达到暂时的平衡，并在掌控之中。"随后他表演了一个纸牌魔术，并在结束时对学生说，虽然它看起来像魔术，但其实只是一种技巧。他希望学生能在这门课程中掌握这些技巧，直到它们看起来像魔术一样。然后，他朗诵了爱尔兰诗人约翰·奥·多诺霍（John O'donohue）的一首诗《为一个新的开始》（*For a New Beginning*），鼓励学生"让自己浸润到开始的优雅中"。最后，他要求学生保持一分钟的静默，以开堂的方式结束了课程。

我很疑惑，上一堂咨询课至于如此大费周章吗？他告诉我，每一届学生都会感慨万千，经常在潜然泪下中结束课程。(他还屡屡获得优秀教学奖。)我问他为什么要用这种方式完成最后一节课。他说，送别不仅是为了提醒学生在课堂上的共同目标，也是为了提醒自己，作为一名教师，自己的目标是什么。他教书是因为他喜欢"把我培养的有个性的公民放入社会"，而这门课的内容也是这个宏大目标的一部分。因此，在咨询的世界中徜徉了一学期之后，他希望提醒学生，为什么他会出现在这个教室里，为什么他们也会出现在这个教室里。

收场的时刻也可以是把你的聚会和现实连接起来的时刻。纽约殡仪馆馆长艾米·坎宁安（Amy Cunningham）在结束葬礼时，都会有意地将家人的悲痛与其他哀悼者的悲痛联系起来。她告诉我，她经常会在葬礼结束时说："愿安宁之源赐予你安宁，愿所有哀悼之人都能获得安宁。"她将个体的痛苦与大众的痛苦联系起来，从而让眼前的痛苦变得更渺小，同时更宏大。

退场线

你或许还记得关于门槛的概念。画一条线，然后帮你的客人跨过去。在收场时，也有类似的概念。

在客人离开聚会世界之际，是时候画一条退场线了。然后同样地，你需要帮助他们跨过去。一场成功聚会的最后时刻往往是微妙或明确的，跨越那条线，就意味着一切已经结束了。收场的收场应该具有一种标志性的意味，一种情感的释放，而且可以有许多形式。

退场线可以是实体的，也可以是象征性的。毕业典礼当天，普林斯顿大学的学生都会在典礼结束时穿过菲茨伦道夫校门。他们此前一直被警告，不要在毕业典礼日之前走过那扇门，否则可能毕不了业。这个迷思一直萦绕在学生的心头，直到在毕业的那天从门下穿过，让人明确地感受到这一天的与众不同，并标志着这个时刻的结束。

在哥伦比亚的某些地区，村民依然会制作一个填满干草和烟花的"Ano Viejo"（旧年）人形雕像，以向过去的一年告别。Ano Viejo 代表过去一年的霉运，村民希望将其烧为灰烬。村民对其进行一番装扮，再起一个有趣的名字，然后在除夕夜焚烧殆尽。虽然无论这个雕像存在与否，这一年都会结束，但这条退场线强化了终点的意味，并使之成为一个完美的收场。

退场线也可以用语言的形式呈现。在我自己的实验室里，我在最后常常会让每个人站成一圈，然后呼应实验室的开场。在开场的时候，我朗读了人们提前在采访或工作簿中告诉我的内容。在收场中，人们事先提供了什么并不重要，重要的是在实验室里发生了什么。整整一天，我都在记录人们说的话，摘录下能捕捉到某个重要时刻的措辞、告解、顿悟、笑话和俏皮话。作为收场，我会在所有参与者都分享完毕之后让他们全体起立，互相看着对方，然后侧耳倾听。按照一天的日程顺序，我会大声朗读人们在一天中所说的点点滴滴，当他们听到自己的发言时，每个人都会想起我们在一起做的一切。如此，我也是在让他们明白，对于他们的发言，听众听得非常细致，而且他们的话很发人深省。终于，我念出了最后一条摘录。我合上 iPad 或笔记本，停下，抬头，让这一刻凝结在空气里，然后说："我宣布，本实验室……"随后，我一拍掌（一条退场线）说："关闭。"我标志了这一刻也结束了这一刻。人们被释放了，全场爆发出雷鸣般的掌声，该聚会结束了。（别担心，我可不是在派对上这样做的。）

无论你的最后一刻是什么，它都应该真实和切题。

当艾米·坎宁安刚开始在殡仪馆工作时，她为如何帮助人们走出殡仪馆而苦苦挣扎。这是一个艰难而尴尬的时刻，大多数人都不知道该做什么。你就这样走了吗？你该等待吗？你应该做一轮道别，还是说这更适合超级碗的派对？人们应该按照什么顺序退场？

坎宁安从研究不同文化的葬礼仪式中获得了灵感，她最终采纳了犹太人的传统。在犹太人的传统中，葬礼主持人会要求除直系亲属外的所有人排成两排，形成一条从墓地到停车场的人行横道。然后，拉比会要求直系亲属离开墓地，沿着临时搭建的人行横道一直往前走，同时望着"现在就像坚贞和爱的支柱"的朋友的眼睛。坎宁安将其描述为"引导他们进入下一段旅程和下一个悲伤阶段的方式"。当家人走过，排在队伍最后面的人便会跟在他们的身后，人们慢慢地组成一支队伍，走出墓地。这是一个简单的结构化过程，有助于把这个群体连接起来，打造一个优雅的退场。而这又以一种有目的的方式支持着最需要它的人，把他们与仍然在场的亲朋好友连接起来，并为每个人都提供了一条共同前进的道路。

　　一个出色且有意义的收场不必符合任何特定的规则或形式。你必须自己设计，使之与你的聚会精神保持一致，并符合你所设想的规模。仅仅因为这是一个定期召开的每周销售会议，并不意味着有一个收场会太过花哨或怪异。在会议结束前，一群人围在一起高喊"前线很重要"可能会快速而有效地提醒人们为什么选择这份事业。仅仅因为和朋友一起吃顿便餐，并不意味着它不该有一个收场。一个简单、微妙的收场，比如在他们走出家门时的一块告别巧克力，可以有扭转乾坤的效果。即使是微小的收场，也能让发生的一切得到承认，让大家的情绪获得释放。

　　善于收场的人无处不在，他们能找到微小而有力的方式将聚会精美地包装起来，从而使之卓尔不群。比如一场大家齐发"OM"圣音的瑜伽课和其他不发圣音的瑜伽课；一位用故事结束课堂的老师和用作业结束课堂的老师；护送客人出门并道别的主人和让客人自己离开的主人。有时候，只需要一个停顿、一个瞬间、一次紧握就能让发生的一切得到认可。

　　和所有的规则一样，这里也存在例外。有一群相聚甚欢的朋友曾无视过我在这一章里所宣扬的一切，毅然决定以自己的方式离开，他们认为自己不太喜欢道别。因此，当夜晚即将结束时，由于没有任何协调、提醒或仪式，每个人都可以随心所欲地在任何时候离开。这是一个以集体鬼魅般消失而收场的夜晚，虽然打破了我的许多小规则，但它超越了我的一个超然原则。这群朋友以自己的方式证明，"这次聚会不一样"。

人际·沟通·心理

推 荐 阅 读

书号	书名	作者	定价
978-7-111-62864-4	激发潜能： 平台型组织的人力资源顶层设计	穆胜	69.00
978-7-111-61897-3	绩效使能：超越OKR	况阳	79.00
978-7-111-63038-8	人才盘点完全应用手册	北京北森云计算股份有限公司	79.00
978-7-111-64431-6	识人的智慧：人才评鉴方法与工具	睿正人才管理研究院 著	79.00
978-7-111-62386-1	薪酬激励新实战：突破人效困境	孙晓平 季阳	69.00
978-7-111-62135-5	重新定义人才评价	闫巩固 高喜乐 张昕	69.00